KB055428

류태영박사의
나는 긍정을
선택한다

저　자 ｜ 류대영
펴낸이 ｜ 하용조
펴낸곳 ｜ 비전과리더십
등록번호 ｜ 03-01165호
주소 ｜ 140-240 서울시 용산구 서빙고동 95번지 두란노서원

편집부 ｜ 2078-3442　e-mail ｜ juneyk@duranno.com
영업부 ｜ 2078-3333 FAX 080-749-3705
발행일 ｜ 2007. 12. 7
33쇄 발행 ｜ 2021. 4. 29.

ISBN 978-89-90984-36 - 4　03320
잘못된 책은 바꾸어 드립니다.
책값은 뒤표지에 있습니다.

비전과리더십 은 두란노서원의 경제·경영 브랜드입니다.

류태영박사의

나는 긍정을 선택한다

류태영 지음

비전과리더십

| 목차 |

그물을 힘껏 던져라!
불가능이 득실거리는 바다를 향해

세상에는 두 종류의 사람이 있다. 긍정적인 사고방식을 가진 사람과 부정적인 사고방식을 가진 사람. 이 두 사람에게 똑같은 과업이 주어졌을 때, 할 수 있다고 확신하는 사람은 실력 이상의 능력을 발휘하지만 실패할까 봐 지레 걱정하는 사람은 실패할 가능성이 높다.

긍정적인 생각과 부정적인 생각은 마치 자동차의 액셀과 브레이크 같다. 무슨 일을 대할 때 긍정적인 마음으로 임하는 사람은 액셀을 밟은 듯 추진력과 의욕이 생겨 성공의 가도를 달리지만, 부정적인 생각으로 '괜한 일을 저지른 거 아닐까? 난 또 실패할 거야. 차라리 이대로 그냥 지내는 게 나을지도 몰라'라며 스스로에게 브레이크를 거는 사람은 결코 앞으로 나아갈 수 없다.

자신 안에 있는 액셀과 브레이크, 이 둘 중 어느 것을 사용할 것

나는 긍정을
선택한다

인가는 자신의 선택과 의지에 달렸다. 다른 사람이 내 인생을 대신 운전해주지 않는다.

70 평생을 살아오면서 내 인생에서 가장 많이 들어본 말은 아마 '불가능하다'란 소리일 것이다. 내 삶은 시작부터 아예 불가능으로 점철된 삶이었다. 나는 야간고등학교를 다니며 구두닦이, 신문팔이를 했다. 먹을 것이 없어 굶기를 밥 먹듯 했고 어느 날은 너무 배가 고파 쓰레기통에서 밥덩이를 주워 먹기도 했다. 그러면서도 해외유학을 가겠다고 했을 때 사람들은 모두 비웃었고 불가능한 꿈을 꾼다고 했다.

"야간학교 다니며 툭하면 굶어서 영양실조로 쓰러지는 놈이 무슨 유학?"

살아오면서 수없이 많은 일들을 계획할 때마다 사람들은 모두 이런 식으로 나를 비웃었을 것이다. 그러나 막상 불가능해 보였던 것들을 이뤄놓으면 사람들은 한결같이 이렇게 말하곤 했다.

"너는 아무래도 이상한 놈이다. 다른 사람에게는 안 되는 일이 왜 너에게는 가능한 거냐?"

그 비결은 단 하나, 어떤 고난과 좌절의 순간에도 포기하지 않고 "내게 능력 주시는 자 안에서 내가 모든 것을 할 수 있다"(빌 4:13)라는 성경 말씀을 믿고 '나는 반드시 이루어낼 것이다'라는 믿음과 확신을 잃지 않았기 때문이다.

나는 깊은 산골 논 한 평, 밭 한 평조차 없는, 지독히 가난한 집안의 아들로 태어나 소나무 껍질과 칡뿌리, 도토리로 주린 배를 채우며 자랐다. 신발이 없어 맨발로 다니다 초등학교 6학년 때 처음으로 고무신을 신어본 사람이다. 초등학교를 졸업한 뒤에는 중학교에 진학하지 못하고 남의 집 논밭에서 일했다.

그러다 열여덟 살에 고향 임실에서 가정교사를 하면서 중학교에 들어갔고, 졸업 후에는 그 지역에 고등학교가 없어서 어머니가 어렵게 마련해준 차비를 들고 서울에 올라왔다. 서울에서의 생활은 말 안 해도 미루어 짐작할 수 있을 것이다. 신문배달은 기본이고 미군부대 하우스 보이, 구두닦이, 방물장수, 아이스케키 장사 등 안 해본 일이 없다. 돈 없고 잠잘 곳 없고 먹을 것 없고 옷 한 벌 제대로 입어보지 못했지만 나는 야간고등학교를 다녔고 유학을 가겠다고 결심했다.

아무리 상황이 어려워도 내가 결코 포기하지 않은 것이 있다. 그것은 '나는 유학을 가서 우리나라 농촌을 잘 살게 만드는 사람이 되겠다'는 꿈과 '나는 반드시 이루어낼 것이다'라는 믿음이었다.

덴마크 국왕에게 장문의 논문과 함께 편지를 써서 덴마크 국비 장학생으로 초청되어 덴마크 농촌 사회 개발사를 연구한 것, 귀국한 후 박정희 대통령의 초청으로 청와대에 들어가 우리나라에 새마을운동을 일으키며 추진하게 된 것도 이런 꿈과 믿음 때문이었다. 이스라엘에 가서 그 어렵다는 히브리어를 6개월 만에 마스터하고 히브리대학 대학원 입학시험에 합격했던 것과 4년 만에 20년 만의 최

나는 긍정을
선택한다

고 성적으로 석사학위와 박사학위를 받을 수 있었던 것도, 이스라엘 국립벤구리온대학교의 초빙교수가 된 것도, 한국에서 건국대학교의 교수가 되어 가르치고 연구하고 국가와 사회에 봉사할 수 있게 된 것도, 세계적인 학회의 회장직을 잘 감당할 수 있었던 것도 역시 이 꿈과 믿음 덕분이었다.

나는 길거리에서 잠을 자고 거지 같은 생활을 하면서도 한 번도 비굴하거나 밑바닥 인생이라고 비관해본 적이 없다. 당시 일기장을 보면 도리어 해외 선진국에 유학 가서 세계적인 일을 하며 우리나라 농촌개발과 부흥을 위해 일하겠다는 의욕에 넘쳐 있었다.

내가 이런 얘기를 하면 도저히 믿을 수 없다는 표정으로 보는 사람들이 많다. 남에게 취직자리를 부탁했는데 거절당하거나, 돈을 빌리려다 자존심 상하는 경우를 당하면 비참한 마음이 드는 것이 일반적이다. 나라고 다르겠는가. **하지만 내가 거지같이 살면서도 의욕에 넘칠 수 있었던 것은 내 마음이 환경을 지배했기 때문이다.** 우리 민족을 가난과 고통으로부터 해방시키고 한국 농촌을 발전시키는 사람이 되겠다는 꿈과, 내 꿈을 반드시 이룰 수 있을 것이라는 믿음은 내 상황을 압도했다. 내 가난은 문제가 안 되었던 것이다.

좋은 조건과 환경을 갖춘 사람임에도 실패한 인생을 사는 사람이 있는가 하면, 최악의 불우한 환경 가운데서도 성공을 이루어내는 사람이 있다. 나는 외람되지만 후자의 인생을 산 사람이라 자부한다. 인생의 성패를 좌우하는 것은 마음에 달려 있다. 마음은 마치 핵과 같다. 핵은 가만히 있을 때는 아무것도 아니다. 그러나 보이지 않을 정도로 작은 원자핵에 중성자를 집어넣어 핵분열을 일으키게 하면 그 온도가 1억 도까지 올라가며 엄청난 에너지를 발생시킨다.

인간의 마음도 마찬가지다. 마음 그 자체에는 아무런 힘이 없지만 희망과 꿈이 믿음이란 중성자와 결합될 때 핵분열하듯 무한대의 에너지가 창출되어 삶에 혁명을 일으킨다. 마음의 핵이 어느 방향으로 향하느냐에 따라 우리 삶은 성공하기도 하고 실패하기도 한다.

어떤 이는 이렇게 말할지 모른다. "꿈, 희망, 그건 젊을 때 이야기지, 이 나이에 무슨…." 인간의 평균수명은 80세 이상으로 연장되고 120세까지 살 수 있게 되었다고 한다. 반면에 사오정(45세에는 정년 퇴직)이니, 오륙도(56세까지 일하면 도둑놈) 운운하는 시대가 되면서 인생의 황금 시기는 줄어들고 있다. 그렇다고 한숨만 쉬고 나이 먹는 것을 한탄하며 지내야 할 것인가? 땅은 이모작 삼모작밖에 할 수 없지만 인생은 사모작, 오모작 할 수 있고 그 이상도 할 수 있다고 본다. 문제는 마음과 믿음에 달려 있다.

삶이 신비한 것은 그 속에 무한한 가능성이 숨어 있기 때문이다. 비록 벼랑 끝처럼 보이더라도 희망만 잃지 않으면 날개를 달고 날아오를 수 있는 길이 열린다. 나는 그런 삶을 수없이 살아온 체험자로서 자신 있게 말하며 깨우쳐주고 싶다.

어떤 일에 크게 실패했을 때, 앞이 깜깜하고 거의 절망적이라고 생각될 때, 그것으로 삶 전체가 끝났다고 생각하지 말라. 긴 안목으로 보면 아무리 컸던 사건도 하나의 점이 되는 것이 인생이다.

지금 실직해 있는가, 사업에 실패했는가, 혹은 나이가 너무 많다며 하고 싶은 일을 포기해버렸는가, 아니면 간신히 노후연금 보험에 의지해 상황이 더 나빠지지 않기만을 바라며 근근이 살아가고 있는가? 인생의 실패, 좌절, 절망, 낙망, 포기, 이런 것들은 꿈과 희망을 갉아먹는다. 낡고 구멍 난 그물로는 절대 고기를 잡을 수 없다. 구멍 난 그물 사이로 한숨만 땅이 꺼지게 내쉴 게 아니라 마음의 그물부터 다시 짜라. 그리고 새로운 그물을 힘껏 던져라! 불가능이 득실거리는 바다를 향해!

2007년 12월

류태영

1부

불가능은 없다, 자신감을 가져라

그대와 나의 가슴속에는
남에게 잘 보이지 않는 그 무엇이 간직되어 있다.
아름다움, 희망, 희열, 용기, 영원의 세계에서 오는 힘.
이 모든 것을 간직하고 있는 한
언제까지나 그대는 젊음을 유지할 것이다.
영감이 끊어져 정신이 냉소라는 눈에 파묻히고
비탄이란 얼음에 갇힌 사람은
비록 나이가 이십 세라 할지라도 이미 늙은이와 다름없다.
그러나 머리를 드높여 희망이란 파도를 탈 수 있는 한
그대는 팔십 세일지라도 영원한 청춘의 소유자인 것이다.

열정, 모든 것이 가능하다고 믿는 것

내 나이 70, 이제부터 인생 시작이다

봄 햇살이 따사롭던 5월, 나는 국제적인 로비스트인 박동선 씨와 하얏트호텔의 야외 테라스에서 점심식사를 하고 있었다. 내 나이 일흔 살이 되던 해였다. "박 선생, 나는 나이 70이 되니까 이제부터 정말 일할 준비가 된 것 같습니다. 내가 70 평생 살아온 경험과 연구한 것들, 보고 느끼며 체험한 것들을 종합하면 이제 무슨 일을 하든 진짜 잘할 수 있다는 자신감과 의욕이 넘칩니다." 박동선 씨는 내 말이 채 끝나기도 전에 흥분해서 내 손을 덥석 잡으며 말했다. "제 생각이 바로 그렇습니다."

나와 동갑이었던 박동선 씨 역시 일흔 살이 되니 젊을 때는 보이지 않던 미래가 보이고 예견하는 능력이 생겨 이제부터 일을 하면 정말 잘할 자신이 생겼다고 했다. 잔뜩 흥분한 그의 얼굴은 마치 청년의 모습 같았다. 그날 우리는 하고 싶은 일과 계획에 대해 시간가는 줄 모르고 들떠서 이야기를 나누었다. 그리고 이제부터 우리 인생에서 가장 멋지고 위대한 일을 해보자고 서로 약속했다.

이후 안타깝게도 박동선 씨는 미국정부의 허락 없이 이라크에서 로비 활동을 했다는 이유로 미국에 수감되어 있긴 하지만 이 약속을 잊지 않고 있을 것이다. 몸은 비록 갇혀 있을지라도 그날 우리의 약속을 기억하며 새 꿈과 희망을 키우고 있으리라 믿는다.

꿈은 청년이나 소년에게만 있는 것이 아니다. 꿈은 중년에게도 노년에게도 있다. 20세 청년이라고 해도 꿈과 이상이 없으면 80세 늙은이나 마찬가지고, 80세 노인이라도 꿈이 있으면 청년이라고 할 수 있다. 흔히 노년은 허무와 실망과 좌절의 시기로 대변된다. 그러나 사실 노년처럼 인생에서 충만한 때는 없다. 지금까지 쌓아온 인생의 수많은 경험과 경륜을 가지고 멋있게 꿈을 펼칠 절호의 기회는 오히려 중년 이후에 생긴다.

그럼에도 수많은 사람들이 나이가 많다는 이유로 꿈을 포기한 채 좋은 기회를 놓치며 살아가고 있다. 나이를 먹으면 육체는 늙어가지만 열정, 순수, 창조성 같은 것은 시간이 지나면서 둔화되는 게 아니라 오히려 자기 안에서 재창조되는 것임을 잊지 말아야 한다.

2007년 노벨문학상 수상자로 선정된 88세의 도리스 레싱(Doris

Lessing) 여사는 노벨문학상 발표 직전에도 『알프레드와 에밀리』라는 또 한 편의 소설을 탈고했다고 한다. 그녀는 "노년이 어떤 느낌이냐?"고 묻는 기자의 질문에 이렇게 답했다. "물론 늙으면 몸이 약해지지요. 그러나 정신적으로 인간은 변하지 않아요."

그렇다. 위대한 인상주의 화가 클로드 모네(Claude Monet, 1840~1926)는 80세에도 여전히 명작을 그렸는데, 하루에 12시간씩 일했다고 한다. 그는 시력을 잃을 때까지 그림을 그렸다. 인상주의 이후 최고의 화가라고 할 수 있는 파블로 피카소(Pablo Picasso, 1881~1973)는 90세가 넘어 죽을 때까지 그림을 그렸다. 게다가 피카소는 70세에 새로운 형식의 유파를 개척했다. 20세기 가장 위대한 첼로 연주자인 파블로 카잘스(Pablo Casals, 1876~1973)는 97세의 나이로 죽는 그날에도 새로운 곡을 연주할 계획을 세웠고 연습을 했다고 한다.

내가 건국대학교에서 학생처장, 농대학장, 박물관장 그리고 부총장을 역임하고 만 65세에 정년퇴임을 하게 되었을 때, 퇴임 6개월 전부터 세 군데에서 함께 일하자는 제안을 받았다. 스카우트하려는 경쟁(?) 가운데 교보생명의 창업주는 나를 이미 상임고문으로 위촉해놓고 일도 시작하지 않았는데 교수 월급의 두 배를 지급해주었다. 정년퇴임 후 나는 뉴욕 교보생명에 회장상임고문(부사장 예우)으로 파견 발령을 받아 현지법인을 만들고 직원을 채용하는 등 기틀을 잡는 역할을 했다. 이스라엘 국립 벤구리온대학교 교수를 역임했던 사실과 유대민족과의 인맥을 바탕으로 뉴욕에서의 기틀 잡기를 신속

하게 완수할 수 있었다.

교보생명에서 5년의 임기를 마치고 만 70세에 또다시 정년퇴임을 맞게 되었다. 그러자 이번에도 퇴임 6개월 전부터 같이 일하자는 제안이 들어왔다. 나는 강남에 있는 사학교육기관으로 자리를 옮겼고 또다시 미국에 파견 발령을 받아 뉴욕으로 두 번째 이주를 해서 일하기도 했다. 3년이 지나 이 일도 계약만료가 돼간다. 그런데 이번에도 또 6개월 전 모 회사로부터 상임고문으로 일해달라는 제안을 받았고 호주와 뉴욕의 복지재단 등 세 곳에서 함께 일하고 싶다는 의뢰가 들어오고 있다.

어떤 친구는 이제 그만 일에서 손을 떼고 그 자리를 다른 사람에게 물려주지 그러느냐, 당신이 그 자리에 있기 때문에 젊은 사람이 일할 자리를 찾지 못하고 있으니 후배들에게 자리를 양보하는 것이 좋지 않겠느냐고 했다. 마치 내가 장기 집권을 한다는 듯한 말투였다. 그러나 나는 자신 있게 말했다.

"이 자리는 젊은 사람의 자리가 아니라 그간의 내 경험과 지식을 바탕으로 내가 창출해낸 자리다."

사회가 아직도 나를 필요로 하는 이유는 그동안의 내 경험, 연구, 지식과 체험을 바탕으로 한 실력을 인정해서이다. 그들은 현재의 나를 필요로 하는 것이지 결코 과거의 나를 찾는 것이 아니다. 나는 비록 70이 넘은 나이지만 아직도 회사에서는 나를 필요로 한다는 자신감이 있다. 그 자리는 누가 대신할 수 있는 자리가 아니다.

나는 긍정을
선택한다

일의 특성상 내가 그만두었을 때 다른 사람이 그 일을 대신하기는 어려울 것이라고 생각한다. 누가 됐든 능력과 추진력이 뛰어나면 그 자리에 올 수는 있다. 그러나 경험이 부족한 젊은 사람은 추진력과 의욕은 있지만 판단력과 분석력, 미래를 내다보는 힘은 약하다.

주위에 나보다 훨씬 유능하고 학벌 좋은 사람들이 많이 있다. 그럼에도 그들이 일선에서 물러나 쉬고 있는 것은 나이를 의식하고 자신의 가능성을 스스로 제한하고 차단시키고 있기 때문이다. 내게 이제 그만 일에서 손 뗄 것을 권유한 친구는 재벌그룹의 총 재정담당 전무를 했던 사람이다. 실력이나 학벌로 따지자면 나보다 훨씬 월등한 사람임에도 퇴직 후 아무 하는 일 없이 아까운 능력을 묻어두고 있었다. 그의 능력은 이제 왕릉 속의 녹슨 칼처럼 사장된 채 아무런 힘을 발휘하지 못하고 있다. 당신도 혹시 자신의 재능과 능력을 사장시키고 있지 않은가.

사무엘 울만(Samuel Ullman)은 '청춘'에 대해 이렇게 노래했다.

청춘이란 인생의 어느 기간을 말하는 것이 아니라
마음의 상태를 말한다.
강인한 의지, 풍부한 상상력, 불타는 열정을 말한다.
그것은 장밋빛 뺨, 앵두 같은 입술, 하늘거리는 자태가 아니라,
인생의 깊은 샘물에서 솟아나는 신선한 정신,
유약함을 물리치는 용기, 안일을 뿌리치는 모험심을 의미한다.

때로는 이십의 청년보다 육십이 된 사람에게 청춘이 있다.

나이를 먹는다고 해서 우리가 늙는 것은 아니다.

이상을 잃어버릴 때 비로소 늙는 것이다.

세월은 우리의 주름살을 늘게 하지만

열정을 가진 마음을 시들게 하지는 못한다.

고뇌, 공포, 실망 때문에 기력이 땅으로 들어갈 때

비로소 마음이 시들어버리는 것이다.

육십 세이든 십육 세이든 모든 사람의 가슴 속에는

놀라움에 끌리는 마음,

젖먹이 아이와 같은 미지에 대한 끝없는 탐구심,

삶에서 환희를 얻고자 하는 열망이 있는 법이다.

그대와 나의 가슴속에는

남에게 잘 보이지 않는 그 무엇이 간직되어 있다.

아름다움, 희망, 희열, 용기, 영원의 세계에서 오는 힘.

이 모든 것을 간직하고 있는 한

언제까지나 그대는 젊음을 유지할 것이다.

영감이 끊어져 정신이 냉소라는 눈에 파묻히고

비탄이란 얼음에 갇힌 사람은

비록 나이가 이십 세라 할지라도 이미 늙은이와 다름없다.

나는 긍정을
선택한다

그러나 머리를 드높여 희망이란 파도를 탈 수 있는 한
그대는 팔십 세일지라도 영원한 청춘의 소유자인 것이다.

사무엘 울만은 독일계 미국인 사업가로 시인이자 인도주의자이다. 사무엘 울만이 이 시를 지은 것은 78세 때라고 한다. 생전에 그의 작품을 담은 시집은 출간되지 못했고, 그의 죽음과 함께 시도 역사 속으로 사라졌다. 그런데 이 시는 의외의 인물을 통해 세상에 알려지게 된다. 전쟁 중 맥아더 장군의 책상 위 액자 속에 들어 있던 이 시가 종군기자를 통해 『리더스 다이제스트』에 소개된 것이다. 후에 원작자가 사무엘 울만이라는 것이 밝혀지면서 그의 시집도 세상에 나오게 되었다. 이 시는 미국보다 일본에서 더 유명한데, 마쓰시타(National Panasonic) 그룹 창업자인 마쓰시타 고노스케(松下幸之助)는 70세의 나이에 이 시에서 영감을 얻어 새로운 사업을 시작했다고 한다.

나는 지금도 새 일을 향한 열정과 꿈을 가지고 있다. 그리고 이 꿈과 열정을 청소년들의 미래를 연구하고 교육하고 훈련하는 데 쏟아 붓고 있다. 청소년들의 교육, 의식, 행동, 품행, 이런 것이 나라의 운명과 역사를 창조한다. 우리의 미래가 청소년에게 달려 있음에도 우리나라는 청소년에 대한 관심이 너무 적다. 그래서 새마을운동의 국민 의식개혁과 같이 청소년들을 교육시켜 이 나라가 잘 살게 하는 운동을 일으키는 것이 내 꿈이고 지금 현재 추진하고 있는 일이다.

"내일 지구가 멸망하더라도 나는 오늘 한 그루의 사과나무를 심겠다"고 말한 스피노자처럼 '나는 내일 죽게 되더라도 오늘 내 할 일을 하다 가겠다'는 것이 나의 신념이고 철학이다. 불가능하다는 말을 하지 말라. 신념과 노력을 다한 후 목숨이 끊어져 관 속에 들어가 관 뚜껑에 못이 박히기 전까지는.

열정적으로 사랑할 수 있는 일을 하라
― 내면의 북소리를 들어라

명문대학을 우수한 성적으로 졸업한 K는 월급이 많다는 직장을 택했다. 결혼하여 아이를 낳고 집도 장만했다. 무작정 앞만 보고 정신없이 일한 덕에 승진도 했고 번듯한 집도 장만했다. 어느덧 40대 후반에 접어든 K. 그러나 언젠가부터 자신이 하루하루를 뚜렷한 목표도 없이 살아가고 있음을 깨닫게 된다. 그저 아이들 학자금과 매일의 양식과 신용카드 청구서를 갚기 위해 일하는 게 아닌가 하는 회의가 들기 시작했다. 그러다 점점 자신이 지금 하고 있는 일이 과연 자신에게 맞는지, 앞으로 계속 이 일을 할 것인지 하는 생각이 불쑥불쑥 올라온다. 하지만 그럴 때마다 얼른 생각을 돌린다. 잠시라도 한눈팔았다간 인원감축, 구조조정이란 총알이 그의 안온하고 순탄한 일상을 꿰뚫고 들어올까봐 감히 현실의 담 밖을 기웃거릴 엄두조차 내지 못한다.

그러면서도 마음 한구석에선 점점 '이대로 시간만 축내고 사는 건 아닌지', '꿈을 포기한 채 무언가에 발목이 잡힌 채 살고 있는 건 아닌지' 하는 생각이 하루에도 여러 번씩 밀려와, 그때마다 '퇴직'이라는 단어를 마치 숨겨놓은 애인처럼 은밀하게 떠올려본다. 당장 하고 있는 일에서 벗어나고 싶지만 뭘 해야 할지 몰라 막상 과감히 사표를 던지자니 그럴 용기도 없다. 무언가 다른 일을 하고 싶지만 이거다 싶게 와 닿는 일도 없다. 보다 나은 인생을 살고 싶지만 구체적으로 어디서 어떻게 무엇부터 시작해야 할지 몰라 그저 막막한 마음으로 하루하루를 지내고 있다.

당신도 K처럼 하루하루를 살아가고 있지는 않은가? 먼저 당신이 하는 일에 대한 의욕이 있는지 점검해보라. 만일 현재 하고 있는 일이 자신이 정말 원하는 일이 아니라면 진지하게 내가 열정을 품고 있는 일이 무엇인지, 내가 진정 하고 싶은 일이 무엇인지 자기 내면의 소리에 귀를 기울여보라.

일본 작가 무라카미 하루키(村上春樹)는 어느 날 마음속 깊숙한 곳으로부터 아득히 들려오는 '북소리'를 듣게 된다. 꽉 짜여진 스케줄과 원고마감 등, 타성적인 일상에 젖어 지내던 하루키는 어느 한순간, 내면으로부터 들려오는 소리에 귀를 기울인다. '이렇게 살다가는 달성해야 할 무엇인가를 하지 않은 채 성큼 나이만 먹을지도 모른다.' 하루키는 내면 깊은 곳으로부터 울려오는 이 북소리를 따라 모든 것을 뒤로 한 채 훌쩍 여행을 떠난다. 그는 3년 동안 유럽을 여행하면서 『상실의 시대』, 『댄스 댄스 댄스』를 발표하여 세계적인 작가가 되어 돌아왔다. 우리는 자신의 방향을 가르치는 북소리를 때론 못 들은 체 외면하기도 하고, 때론 듣고서도 갈등하며 산다. 그러다가 무뎌져서 아예 듣지 못하며 살기도 한다. 내면의 북소리에 맞춰 사는 것이 현실적으로 어렵고 힘든 일일 수도 있다. 그것은 익숙해진 자아, 일상과의 결별을 뜻하기 때문이다.

미국의 한 여론조사 기관에서 인생에서 성공한 사람들을 조사한 결과 '돈을 위해 일한 사람치고 성공한 사람이 거의 없다'는 결과가 나왔다고 한다. 성공한 대부분의 사람들은 그들의 인생 목표를 돈을 뛰어넘는 그 이상의 것에 두고 있다. 즉, 단지 돈을 위해 일한 것이 아니라 자신이 열정적으로 좋아할 수 있는 일한 것이다. 그래서 성공한 사람들은 대부분 은퇴해서 여생을 풍족하게 살 수 있음에도 은퇴를 하지 않는다. 늘 새로운 사업이나 아이디어를 찾고 구상한다. 그것은 그들이 돈에 대한 욕심으로 일하는 것이 아니라 돈보다는 순수한 열정으로 일을 사랑하기 때문이다. 성공한 사람들의 공통점은 대개 자신이 하고 있는 일을 깊이 사랑하여 열정적으로 일한다는 것이다.

'딱 10년만 버티자! 하고 싶은 일은 아니지만 하다보면 이력이 나겠지'라며 하루하루를 마지못해 일하는 사람에게, 전 세계를 상대로 가치투자를 하는 투자의 대가이자 세계 제2위의 갑부인 워렌 버핏(Warren Edward Buffett)은 이렇게 말한다.

"자기 자신에게 가장 많이 투자하라! 대부분의 사람들은 잠재력의 아주 작은 부분만 투자한다. 열정을 따라가라. 하고 싶은 일을 찾아라. 하지만 돈만 보고 직업을 선택하지 말라. 매일 아침 들뜬 마음으로 출근할 수 있어야 한다. 나는 내 영웅인 벤자민 그레이엄 밑에서 일하게 되었을 때 매일매일 출근하는 것이 즐거웠다. 심지어 나는 첫 월급을 받기까지 얼마를 받기로 했는지도 몰랐을 정도이다."

가장 많이 투자해야 할 대상은 바로 자기 자신이라는 말이다. 즉, 자신이 열정적으로 할 수 있는, 좋아하는 일을 찾으라는 것이다. 그는 자신이 열정적으로 좋아하는 일을 한 대가로 세계 제2의 갑부가 되었다.

세계 최대의 보험회사인 AIG의 CEO 마틴 설리번(Martin Sullivan)은 일 년에 160만 원을 벌던 가난한 사환이었다. 그는 대학 졸업장도 없었다. 아버지는 포드 자동차 공장의 가난한 노동자였다. 고등학교를 졸업하자마자 돈을 벌기 위해 열일곱 살에 보험회사의 사환으로 취직한 설리번은 보험사원들을 지켜보며 이 일이 재미있을 것이라고 생각했다. 설리번은 보험 세일즈를 배워 34년 만에 AIG의 CEO가 되었다. 그가 104억 원의 고액 연봉자가 될 수 있었던 비결은 바로 '열정'이었다.

"나는 보험업 자체가 너무 재미있습니다. 천직이지요. 아침에 일어날 때 오늘은 또 뭐를 해볼까 하고 기대에 부풉니다."

그가 사환에서 CEO가 될 수 있었던 성공의 비결은 열정을 가지고 하루를 시작하는 것이었다.

"나는 위기가 왔을 때 피하지 않았습니다. 누구도 나를 돕지 않았죠. 하지만 위기와 온몸으로 부딪쳤을 때 기회가 보였습니다."

위기가 와도 뒤로 물러서지 않고 맞설 수 있었던 것은 바로 일에 대한 확신과 열정이 있었기 때문이다. 열정과 확신이 있으면 위기가 와도 뚫고 나갈 힘과 능력이 생긴다. 그는 말한다. **"내 삶의 보험은 열정이었다"**라고. 그의 말대로 열정은 어떤 위기 가운데서도 나를 든든하게 지켜주는 최대의 힘이 된다. 열정이 있어야 비전도 생기고 성공하고 싶다는 열망도 생기고 일에 대한 확신과 실행할 능력도 생기는 법이다. 열정은 자동차를 움직이게 하는 연료와 같다. 연료 없이 자동차가 달릴 수 없듯이 자신이 하는 일에 대해 열정이 없으면 어떤 일을 해도 성공하지 못한다.

'열정(enthusiasm)'이란 모든 것이 가능하다고 믿는 충만한 상태를 말한다. 그 어원을 보면 그리스어로 '엔테오스/엔토우스(entheos/enthous)'로, 신 또는 초인적인 존재가 가진 힘이라는 뜻이다. 즉, 열정은 우리가 좋아하고 간절히 바라는 어떤 목표를 추진하고 도달하게 만드는 에너지다. 힘든 문제나 난관에 부딪혔을 때, 포기하지 않도록 하는 힘도 바로 열정이다. 따라서 열정 없이 목표에 이르고자 하는 것은 연료 없이 자동차를 운전하겠다는 것과 마찬가지다.

19세기 미국의 유명한 시인이자 사상가인 랄프 왈도 에머슨

나는 긍정을
선택한다

(Ralph Waldo Emerson)은 "열정 없이 이루어진 일 중에 위대한 것은 아무것도 없다"라고 했다. 역사상 위대한 업적을 남기고 간 사람들에게 열정은 어려움을 이기고 위대한 목표에 이르게 하는 원동력이었던 것이다.

마이크로소프트 회장인 빌 게이츠(Bill Gates)는 "나는 세상에서 가장 신나는 직업을 갖고 있다. 매일 일하러 오는 것이 그렇게 즐거울 수가 없다. 거기엔 항상 새로운 도전과 배울 것들이 기다리고 있다. 만약 누구든지 나처럼 자기 일을 즐긴다면 결코 탈진하는 일은 없을 것이다"라고 말했다. 또 현대그룹의 고 정주영 회장은 "내가 평생 동안 새벽 일찍 일어나는 것은 그날 할 일이 즐거워서 기대와 흥분으로 마음이 설레기 때문이다"라고 했다.

이들이 세계적인 갑부여서, 대기업의 총수여서 이런 말을 한다고 생각하지 말라. 열정적으로 일했기 때문에 성공한 것이다. 성공한 사람들의 공통점은 바로 긍정적인 마음으로 자신의 일에 대해 열정을 쏟아 부었다는 것이다.

열정은 자신이 좋아하는 일을 할 때 생긴다. 당신이 만일 다른 일을 할 형편이 아니라면 당장 태도를 바꿔 지금 현재 하고 있는 일을 열정적으로 사랑하도록 하라. 형식적으로 일하거나 마지못해 일하는 것으로 인생을 살아가지 말라. 어차피 일을 바꿀 수 없는 형편이라면 현재 하고 있는 일을 즐겁게, 열정적으로, 신나게, 최선을 다하며 인생을 즐겨라.

와인산업의 성공신화를 이끌면서 90이 넘은 나이에도 청년처럼 일하는 로버트 몬다비(Robert Mondavi)는 "단 하루라도 일을 하지 않고는 못 배길 정도로 당신이 사랑하는 것을 찾으라"고 강조했다.

하루도 일하지 않고는 못 배길 정도로 사랑하는 일을 찾았다면 당신은 이미 반은 성공한 거나 마찬가지다. 지금이라도 늦지 않았다. 당신이 열정적으로 할 수 있는 일을 찾으라. 돈과는 상관없이 스스로 살아 있다고 느끼게 하고 자신의 에너지를 샘솟게 하는 일, 그 일을 찾았으면 막연히 상상만 하지 말고 꿈이 이루어지는 순간을 열망하고 구체적인 방법과 계획을 세우라. 그리고 불같은 열정을 가지고 목표를 향해 달려들라. 지금 당장!

어디서부터 어떻게 시작해야 할지 모른다고 걱정하지 말라. 작은 것부터 시작하라. 중요한 것은 그 일에 얼마나 관심과 열정을 가지고 임하느냐에 달려 있다. 마음속 생각으로부터 모든 것이 시작된다. 천 리 길도 한 걸음부터다. 단, 자신감과 확신을 가지고 헌신적인 노력을 하는 것이 중요하다. 그 자리에서 안주하지 말고 가능한 오래, 그리고 더 잘할 수 있도록 자기를 계발하고 꾸준히 변신하라. 설령 도중에 실패가 있고 보상이 충분치 못하더라도 자신이 하는 일에 확신을 가지는 것이 무엇보다 중요하다. 믿음을 가지고 열정적으로 일을 사랑하고 노력한다면 반드시 꿈은 이루어지게 되어 있다.

나는 긍정을 선택한다

47세에 교수가 된 성악가

새해 아침, 성악가 L은 후배로부터 걸려온 전화를 받았다. "선배님, 이번에 전임 뽑는 OO대학에 또 지원하셨어요?" 새해 인사 겸 전화를 해온 후배는 전화를 끊기 직전 기어이 한마디를 해서 그의 속을 뒤집어놓았다. 어차피 떨어질 텐데 괜한 짓 할 필요가 있느냐는 말투였다.

L은 이태리에서 유학을 마치고 돌아와 국내에서 실력을 인정받는 성악가였지만 교수 임용시험에서 번번이 탈락했다. 그의 나이 47세, 현실적으로 대학전임 자리를 꿈꾸기에는 불가능한 나이였다. 나이 마흔이 넘으면서 주위 동료들은 이미 대학교수 자리를 포기한 지 오래였다. 아니, 성악의 길을 서서히 떠나고 있었다.

전화를 끊은 그는 일어나 창문을 열었다. 창밖으로 황폐하게 서 있는 공사장의 철 구조물이 내다보였다. 일 년 전에 화려한 청사진을 가지고 시작된 빌딩공사였다. 그러나 건설회사가 부도를 내는 바람에 공사는 중단되고 철 구조물은 더 이상 올라가지도 내려가지도 못한 채 비바람에 삭아 녹슬어가고 있었다. 그는 나직이 한숨을 내쉬었다. 남들에게 비친 지금 자신의 모습이 마치 저 부도난 공사장의 녹슨 철 구조물과 다를 바 없을 거라는 생각이 들었기 때문이다. 남들이 보기에 그의 인생은 이러지도 저러지도 못한 채 그저 하릴없이 늙어가고 있는 것처럼 보일 것이었다. 그럴 만도 했다. 늘 될 듯

하던 대학교수 자리는 번번이 다른 사람에게 넘어가고 그에게 돌아오는 것은 점심비와 교통비를 제하고 나면 아무것도 남는 게 없는 지방대학 강사 자리가 고작이었으니까.

몇 해 전이었다. 모교 은사였던 최 교수로부터 저녁에 자신의 집으로 오라는 연락이 왔다. 집에 가니 제법 이름이 널리 알려진 K 대학의 음대 학장이 와 있었다. 최 교수와는 형제처럼 지내는 막역한 사이라고 했다. 최 교수는 그를 학장에게 소개해주었다. K 대학에서 마침 성악과 전임강사를 구하는 중이었다. 최 교수는 그 자리에서 L을 믿을 수 있고 실력 있는 테너라고 칭찬하며 학장에게 적극 추천을 했다. 학장은 몹시 마음에 든 듯 아주 흡족해하며 말했다.

"실력보다 먼저 인간성입니다. 난 예술가이기 이전에 인간이 먼저 되어야 한다고 생각합니다. 인간성만 좋으면 뽑으려고 하는데 서류만 가지고서는 어떤 사람인지 알 수가 있어야지요. 그러잖아도 여기저기 마땅한 사람을 알아보고 있던 참인데 마침 최 교수가 당신을 추천하니 아주 마음이 든든하군요."

학장은 그에게 실기시험 때 부를 곡에 대해서까지 자상하게 일러주었다.

"어려운 곡보다는 잘 알려지고 화려한 곡을 부르세요. 이번에 당신 아니면 아무도 안 뽑을 테니까…. 실기시험이나 잘 준비하도록 하세요."

다음날 L은 이력서와 증명서 등 준비서류를 가지고 K 대학 학장실로 찾아갔다. 찬찬히 서류를 살피던 교수가 문득 의아한 눈빛으로 물었다.

"귀국한 지 7년이 넘었는데 그동안 독창회를 한 번밖에 하지 않았네요?"

"경제적 여유가 없었습니다."

"그럼 어떻게 이태리에서 공부를 할 수 있었죠?"

"아르바이트를 했습니다."

이태리에서 관광 가이드를 하며 유학생활을 했다는 이야기를 들은 학장의 얼굴빛이 변해가고 있었다. 그는 학장의 안색을 풀어줄 만한 무슨 말인가를 해야겠다고 생각했지만, 이미 표정이 변해버린 그에게 충분한 사례를 하겠다는 말은 차마 나오지 않았다. 예상대로 며칠 후에 치른 실기시험은 그를 떨어뜨리기 위한 형식적인 절차 외에 아무것도 아닌 것이 되어버렸다. 그 후 절차만 달랐지 거의 이런 식이었다. 현실적으로 볼 때 돈도 인맥도 집안 배경도 좋지 못한 그는 어쩌면 진작 대학교수 자리를 포기했어야 옳았는지 모른다.

사실 그의 목표는 대학교수가 아니었다. 그의 꿈은 오로지 '죽을 때까지 노래하는 것'이었다. 그러나 두 아이의 아버지인 가장으로서 경제적 현실을 무시할 수만은 없었다. 일주일 내내 지방대학을 비롯한 네 군데의 대학을 시간강사로 뛰어봐야 점심 값과 교통비를 제하고 나면 두 아이 학원비도 부족했다.

며칠 전 모 백화점의 열린음악회에서 그가 받은 출연료는 함께 출연한 대중가수의 절반이었다. 새로 시작한 오페라 개런티 역시 사정은 다르지 않았다. 꼬박 석 달 동안 시간을 쏟아 붓고 돌아온 것이라곤 고작 초대권 스무 장이었다.

테너 중에서도 비교적 서정적인 음색을 지닌 그는 오페라에서 로돌포(푸치니의 〈라보엠〉 주인공으로 시인)나 만토바 공작(베르디의 〈리골레토〉에 등장하는 바람둥이), 네모리노(도니제티의 〈사랑의 묘약〉 주인공으로 막대한 유산상속자가 됨) 등의 배역을 맡았지만, 정작 현실에서는 하루하루 점심 값과 교통비로 간신히 살아가는 가난한 일용 노동자일 뿐이었다. 주위 동료들은 이미 성악의 길을 떠나 다른 일로 방향을 바꾸고 있었다. 이제 베르디나 푸치니 같은 이름들과는 결별하고 대신 이태리 레스토랑을 함께 운영해보자는 제의도 들어왔다.

아이들이 자라면서 생활이 점점 더 어려워졌다. 빠듯한 생활비를 떼어내 붓던 적금도 해약하고 처가에서 간신히 마련해 준 주택청약 부금마저 해약해야 했다. 이제 더 이상 해약할 것도 없었다. 마지막으로 남은 것이 있다면, 그가 어린 시절부터 '평생 죽을 때까지 노래를 하겠다'는 꿈을 해약하는 일이었다. 그의 마음이 현실 앞에서 강하게 흔들렸다. 그러나 그는 다시 자기의 길을 계속 가기로 결심했다. 돈은 언젠가 벌 수 있고 적금은 다시 들 수 있지만, '꿈'은 해약하면 영영 다시 찾을 수 없다고 생각했기 때문이다.

그는 시간강사 자리를 늘려 서울과 지방을 가리지 않고 일주일에 여섯 군데 강의를 하고, 출연료 액수와 상관없이 국내 크고 작은 연주회는 물론 해외 정기 연주회에 꼬박꼬박 참석하며 성악가로서의 본분을 게을리하지 않았다. 시간강사 노릇을 하느라 늘 시간에 쫓기곤 했지만 끊임없이 연주회를 하고 정기 독창회도 하면서 성악가로의 길을 꿋꿋이 걸어갔다. 그러면서도 그는 주일날 교회 성가대 지휘를 한 번도 거르지 않고 열심을 다해 섬겼다. 동시에 하나님이 반드시 자신의 길을 열어줄 것이라고 믿고 신뢰했다.

2006년 새 학기를 한 달 앞둔 2월 초, OO국립대학교로부터 기적 같은 연락이 왔다. 그가 쌓아온 꾸준한 음악활동과 연주 경력, 실력 등을 인정받아 교수로 임용되었다는 것이다. 그의 나이 47세였다. 그의 임용 소식을 듣고 가장 먼저 동료와 후배들이 달려와 진심으로 자기 일처럼 기뻐해주었다. 마흔 살이 넘으면 교수가 되는 것이 불가능한 것으로 알고 지레 포기했던 후배와 동료들이었는데 그의 합격 소식에 그들도 희망과 용기를 얻은 것이다.

그는 단지 교수가 되었다는 사실이 좋은 것이 아니라 이제 정말 죽을 때까지 노래할 수 있는 꿈을 이루게 되어 행복하다고 했다. 그는 현재 거의 모든 시간을 음악과 함께 지내고 있다. 시간과 몸이 허락하는 한, 목숨이 붙어 있는 한 그는 무대에서 노래하다 죽을 것이라고 한다. 이제 인생의 무대에서 자신의 꿈을 노래하는 진정한 삶의 주인공이 된 것이다.

인생에서 진정한 승리자는 자신의 꿈을 이룬 사람이다. 자신이 꿈꾸고 희망했던 삶을 사는 사람이야말로 인생의 주인공이라고 할 수 있다. 그러나 자신의 희망이나 꿈과는 상관없이, 자신이 원하지 않는 일을 마지못해 억지로 이행하며 타인의 목소리를 내며 살아야 하는 사람은 인생의 엑스트라나 마찬가지다. 인생의 배역은 연봉이나 지위로 결정되는 것이 아니다. 인생에서 진정한 프리모, 프리마돈나는 현실의 가치관에 흔들리지 않고 끝까지 희망을 잃지 않은 채 자신의 꿈을 이루어가는 사람이라 할 수 있다.

기나긴 기다림에 지쳐 이제 희망의 끈을 놓고 싶은가? 자신이 정말 이루고 싶은 꿈이 있다면 포기하지 말라. 마음에 희망의 불씨를 꺼뜨리지 말라. 간절히 원하면, 정말 마음으로 간절히 원하는 일은 이루어지게 되어 있다. 이것은 영적 원리이기도 하다. 원하는 일이 단번에 이루어지지 않았다고 해서 낙심하거나 포기하지 말라. 당신이 할 일은 오로지 목표를 향해 포기하지 않고 최선을 다해 노력하는 것이다. 내가 가고자 하는 인생의 방향이 정해졌다면 목적지를 향해 액셀을 밟으라. 비록 막힐 때도 있고 돌아갈 때도 있고 더디 갈 때도 있지만 그 꿈을 잃지 않는 한 반드시 목적지에 도달하게 된다.

때론 끝나지 않을 것 같은 인생의 어두운 긴 터널을 지날 때도 있을 것이다. 비록 앞이 보이지 않는 어둠 속을 지나고 있다고 할지라도 멈추지 말고 달려가라. '반드시 내 꿈을 이룰 거야'라는 생각과 마음을 품고 의식적으로 결단하고 나아가면 어둠은 끝나고 어느덧 당신이 원하는 목적지에 다다를 것이다. 절망적인 상황이나 포기하고 싶은 유혹이 몰려올 때마다 희망의 끈을 놓지 말라. 희망은 당

신의 부서진 꿈에 날개를 달아줄 것이다. 벼랑 끝에서 날아오르게
할 것이다.

35년 전 포항 해병대 사단본부에 특강 초청을 받고 방문했을 때였다.
부대 정문을 막 들어서는데 큰 바위에 "이겨놓고 싸운다"라는
문구가 새겨진 것을 보았다.
이미 이겼다면 왜 싸우는가?
이는 정신적으로 먼저 전투에서 승리한 자신감을 가지고
싸우면 반드시 승리한다는 교훈이 아니겠는가?
스스로를 하찮게 여기지 말라.
대신 '나는 충분히 해낼 수 있다'는 승리자의 마음을 가져라.
나이, 학벌, 배경, 머리와는 상관없이 승리자의 마음을 가지고
믿고 기도하고 나가면 아무리 태산같이 큰 문제도
어느새 내 발밑을 지나 옮겨가 있을 것이다.
기억하라, 산을 들어 바다에 던져버리는 능력이
바로 당신 안에 있다는 것을.

성공, 실패에도 열정을 잃지 않는 것

"내게 능력 주시는 자 안에서 모든 것을 할 수 있다"

어린 시절 나는 먹을 것이 없어 두어 달, 쌀이나 보리 같은 곡식을 한 톨도 입에 넣지 못하는 때가 많았다. 그런 때면 산에 가서 소나무 속껍질을 벗겨다가 삶아서 먹고, 도토리도 따다 먹고, 칡뿌리도 캐 먹고, 솔잎과 쑥 같은 것을 뜯어다 먹었다. 때론 아침도 고구마, 점심도 고구마, 저녁도 고구마, 오늘도 고구마, 내일도 고구마 하며 고구마만 먹기도 했다.

그렇게 가난하던 초등학교 5학년 때 나는 어머니 손에 잡혀서 교회를 나가기 시작했다. 볏짚으로 만든 쌀가마니를 땅바닥에 깔고 예배를 드리는 교회였다. 어른들이 20명, 아이들이 20명 정도 되는 교회에서 그곳 전도사님으로부터 신앙의 씨앗 세 가지가 내 어린 마음에 뿌려졌다.

첫째, 전지전능하신 하나님이 살아 계시다는 사실
둘째, 그 하나님이 우리가 아닌 '나 류태영'을 사랑하신다는 사실
셋째, 기도를 통해서 하나님과 커뮤니케이션을 할 수 있다는 사실

어린 시절 내 마음에 뿌려진 이 세 가지 씨앗은 일평생 신앙의 뿌리가 되었고 나를 키워준 원동력이 되었다. 어머니는 나를 위해 기도를 많이 하셨다. 365일 하루도 안 빠지고 새벽기도를 다니셨는데 나도 초등학교 5학년 때부터 새벽기도를 따라다녔다. 그때부터 시작된 새벽기도는 지금까지 계속되고 있다. 이 신앙이 내게 용기와 희망과 소망을 주고 어떤 어려운 현실과 상황에서도 미래에 대한 꿈과 희망이 넘쳐나게 해준다.

초등학교를 졸업한 후 중학교는 부잣집 아이들이나 가는 곳이라 나는 당연히 갈 엄두도 못 내고 지게를 지고 산으로, 들로 일하러 다녔다. 남의 집 마당, 남의 밭, 남의 논에 가서 일하고, 남의 돼지 먹이는 생활을 했다.

그런데 어느 날 산에서 내려오는데 초등학교 때 반장도 못 해보고 우등상도 못 타고 개근상도 못 타본 아이가 중학교 모자를 쓰고 고향에 들르는 모습을 보면서 엉엉 울며 하나님께 기도했다.

나는 긍정을
선택한다

"하나님, 쟤들은 나보다 공부도 못하고 개근상도 못 탔는데 중학교를 다니고, 나는 이렇게 지게 지고 땀을 뻘뻘 흘리며 남의 집 일을 하고 지내야 하나요? 나도 공부하고 싶어요."

그때 나는 내 일생을 통해서 할 수 있는 한 끝까지 공부를 하겠다는 꿈을 갖게 됐다. 공부를 많이 해서 배움으로 힘을 얻어 가난한 농촌을 위해서 살겠다고 서원(誓願)기도를 했다. 나처럼 먹을 것이 없어 굶주리는 농민들의 참혹한 현실을 보며, 우리 농민들이 가난이란 소굴에 갇혀 있는 노예 같다는 생각이 들었다. 어떻게 해서든 농민들을 가난의 굴레에서 해방시키고 싶었다. '반드시 이들을 해방시켜야 한다.' 나는 다짐하고 또 다짐했다.

어린 시절 꾸었던 이 꿈은 훗날 아무리 절망적이고 어려운 환경 속에서도 희망을 잃지 않도록 나를 지탱해주는 힘이 되었다. 꿈을 가지니 희망이 생기게 되면서 현실의 상황과 여건에서 최선을 다해야 한다는 생각이 들었다. 그래서 당장 집 모퉁이에 토끼를 몇 마리 키우기 시작했다. 다 기른 토끼 몇 마리를 망태기에 넣어가지고 시골 장날 내다 팔아 『중학교 강의록』이라는 책을 샀다. 중학교에 못 간 사람이 집에서 공부하는 책이었다. 그걸 가지고 3년 동안 죽어라 독학을 했다. 이 사실이 동네에 소문이 났고, 열여덟 살 되던 해에 내 소문을 듣고 감동을 한 임실교회 엄병학 장로님께서 나를 테스트한 후 그 집 여덟 살, 열 살짜리 두 남매의 가정교사로 채용해주셨다. 그 집에서 먹고 자면서 열여덟 살에 중학교를 다니게 된 것이다.

중학교를 졸업했으나 당시 임실에는 고등학교가 없었다. 나는 어머니에게 차비를 마련해달라고 해서 무작정 서울로 올라왔다. 오라는 데도 없고 갈 데도 없고 아는 사람도 없는데 무작정 올라왔고, 마침 여름이라 거리에서도 자고 기차역에서도 잤다. 미군부대에서 구두닦이를 하면서 야간고등학교에 들어갔는데 미군부대에 왔다 갔다 하는 사람들 중 유학을 간다는 사람들이 있었다. 유학이라는 단어를 일생 처음 들었다. 유학이 뭐냐고 했더니 영국이나 미국 같은 선진국의 훌륭한 대학에 가서 세계적인 교수한테 공부하는 것이라고 했다. 공부를 끝까지 하겠다고 하나님께 서원했으니 나도 그때부터 유학을 가야겠다고 생각했다.

그리고 류달영 박사께서 쓰신 『새 역사를 위하여』라는 책에서 덴마크의 가난한 농촌이 세계적인 복지국가가 되는 과정을 읽고 덴마크로 유학을 가야겠다고 생각하게 됐다. 그곳에서 가난한 농촌이 어떻게 잘사는 복지국가가 되었는지 배워 우리나라의 가난한 농촌을 살려보겠다고 결심했다.

꿈은 원대했지만 내 현실은 아사 직전이었다. 구두닦이 해서 번 돈으로 야간고등학교를 다니고 있었는데 한 달에 한 번씩 등록금을 내려니 당연히 굶는 날이 많았다. 하도 많이 굶어서 빈혈이 심해 학교에 가다가도 여러 번 쓰러졌다. 아스팔트길이 한쪽으로 기울어진 것 같고 어질어질해서 한참을 전봇대를 붙들고 있다가 가기도 했다. 그러다 아예 잔디밭에 드러누우면 1천 미터, 2천 미터 가라앉을 것

나는 긍정을
선택한다

같은 느낌이었다. 이런 느낌은 영양실조에 걸려보지 않은 사람은 모른다. 나는 이런 경험들을 숱하게 했다. 구두닦이만 해서는 안 되니까, 쓰레기를 주워다 팔기도 하고, 못이나 쇳조각도 모아다 팔기도 하고, 방학 동안에는 행상도 했다. 정말 안 해본 일이 없었다.

그렇게 힘겹게 야간고등학교를 졸업하고 대학도 야간대학을 갔다. 대학을 가려면 저축을 해야 하는데 저축하려면 먹는 것을 줄이는 방법밖에 없었다. 너무 배가 고프던 어느 날 쓰레기통에 밥이 버려진 것이 눈에 띄었다. 더럽다는 생각도, 남들이 보면 어쩔까 하는 생각도 안 들었다. 얼른 집어 들고 연탄재와 먼지 묻은 것을 털어내고 먹었다. 또 어떤 날은 빵이 상자째 버려진 것이 눈에 띄어 집어 들었다. 빵엔 이미 곰팡이가 잔뜩 피어 있었지만, 곰팡이가 많이 핀 부분을 잘라내고 먹기도 했다. 대학교 때 공장 청소부로 들어가 오후 4시까지 언 손을 녹여가며 걸레질을 하고 겨우 연명했는데, 그것도 나중에 공장이 부도가 나서 문을 닫는 바람에 월급도 못 받고 오도 가도 못 하는 신세가 된 적도 있었다.

그렇게 간신히 대학을 졸업했다. 나는 덴마크로 유학을 가기로 결심했던 것을 어떻게 이룰 수 있을지 생각했다. 어느 날 기도하는 중에 농촌에 대한 논문을 써야겠다는 생각이 들었다. 우리나라 농촌의 현실을 살펴보고 어떻게 발전해야 할 것인지에 관한 논문을 써서 자기소개서와 함께 덴마크로 보내기로 했다. 두 달이 걸려 논문과 자기소개서를 영어로 번역했는데 지도해주는 사람이 아무도 없다보니 관계대명사, 전치사 등이 잘못 쓰인 실수 투성이 영어문장이 많았다.

나름대로 서류를 준비했는데 이것을 어디로 보내야 할지 몰랐다. 나는 고심거리가 생길 때마다 기도를 한다. 그러면 하나님이 내 마음에 응답을 주신다. 새벽기도를 드리던 중이었다. '덴마크에 아무도 아는 사람이 없는데 어디다 보내야 할까요?' 고심하며 기도하던 중 마음에 응답이 왔다. '그렇지! 내가 아무도 모를 바에는 그 나라에서 가장 높은 사람한테 보내야지.'

도서관에 가서 대백과사전을 들여다보니 덴마크의 가장 높은 사람은 왕이고, 왕의 이름은 프레드릭 9세라고 되어 있었다. 그래서 모조지를 구해서 봉투를 만들어 논문과 편지를 다 넣고 왼쪽 위에다 보내는 사람에 내 이름을 쓰고, 받는 사람 쓰는 데에는 "To: 프레드릭 9세 임금님 귀하" 이렇게 썼다. 그런데 주소를 알 수가 없었다. 그 이튿날 다시 기도를 드렸다.

"하나님, 제일 높은 사람한테 보내려고 이름을 알았는데 백과사전을 아무리 봐도 주소가 없습니다." 그러자 하나님이 "걱정 말아라, 그 나라 편지배달부가 임금님이 어디 사는지 모르겠냐?"라고 대답하시는 것 같았다. '그렇지! 임금님은 그 나라 서울인 코펜하겐에 살겠지.'

그래서 봉투에 코펜하겐 덴마크라고 썼다. 그러니까 우리나라 말로 하면 '대통령, 서울, 대한민국'으로 수신인을 한 것이다. 20여

나는 긍정을
선택한다

일 후쯤 기적같은 회답이 왔다. 덴마크 왕궁 사무실에서 온 것이었다. 하나님이 함께하시니 전달이 된 것이다.

"왕께서 당신의 편지를 읽으시고 감동이 되어, 당신의 뜻을 이루어주도록 행정부에 이첩했습니다."

얼마 있으니까 덴마크 외무성 차관보가 사인한 정식 초청 편지가 또 도착했다.

"당신이 원하는 기간, 원하는 장소에서, 원하는 분야를 공부할 수 있도록, 우리 정부가 책임을 지기로 했습니다."

드디어 꿈이 이루어진 순간이었다. 현실적으로 보면 한 대목 한 대목이 모두 불가능한 일이었다. 꼴머슴이었던 내가 중학교, 고등학교, 대학을 가고 유학을 가는 것이 전부 불가능한 일이었다. 그런데 아는 사람 하나 없는 덴마크에 전액 장학금을 받고 유학을 갈 수 있게 된 것이다.

"나는 할 수 있다!" 이 말은 다단계 회사에서 외치는 단체 구호가 절대 아니다. 내가 70 평생 삶에서 얻은 진한 체험이자 고백이다. 나는 알다시피 배경이 좋은 것도 아니고, 머리가 좋은 사람도 아니고, 명문대 출신도 아니다. 그러나 이 모든 것을 합친 것보다 더 크고 위대한 것을 가지고 있다.

그것은 바로 신약성경 빌립보서 4장 13절의 "내게 능력 주시는 자 안에서 내가 모든 것을 할 수 있느니라"는 말씀이다. 바로 이 말씀과 이 말씀에 대한 믿음이 어떤 곤경도 이겨낼 힘과 능력과 에너지가 되고 방패가 되어주었다. 앞이 꽉 막혀 깜깜하고 어려운 상황 속에서도 좌절하거나 절망하지 않고 '난 반드시 잘될 것이다', '하면 된다', '난 할 수 있다'는 믿음을 가지고 현실에 최선을 다할 수 있었던 것도 바로 이 말씀 때문이었다.

내가 길거리에서 잠을 자고 영양실조에 걸려 쓰러지고 쓰레기통을 뒤지면서도 비굴하거나 신세를 비관하지 않았던 것 역시, 전지전능하신 하나님이 살아 계시다는 사실과 그 하나님이 나를 사랑하시고 나의 기도를 들으신다는 이 세 가지 믿음과 확신 때문이었다. 나는 그 믿음을 가지고 유학을 가고 세계적인 일을 하고 국가와 농촌 사회를 위해 일하는 미래의 내 모습을 그리며 주어진 현실에 최선을 다해 노력했고, 그 결과 나는 마침내 그 많은 장애물을 하나씩 뛰어넘을 수 있었다.

아무리 어려운 상황 속에서도 꿈이 있으면 신념이 생긴다. 그리고 '하면 된다, 할 수 있다'는 신념을 갖고 주어진 현실에 최선을 다해 노력하다보면 누구에게나 길은 열리게 되어 있다. **그렇다. 꿈과 믿음이 있는 한 불가능은 없다.**

3개월 만에 덴마크어를 마스터하다

덴마크 국왕에게 직접 편지를 써서 국왕의 초청을 받고 드디어

나는 긍정을
선택한다

그렇게 원하던 덴마크에 갔다. 덴마크 공항에 내리니 사람들이 덴마크 말을 하는데 그것을 듣고 속으로 얼마나 웃었는지 모른다. 사람들이 말을 하는 것이 아니라 마치 새 떼들이 지저귀는 것 같았다. 그러나 기숙사에서 짐을 정리하고 잠을 자기 전 하나님께 기도를 드리는데 갑자기 앞이 캄캄해졌다. '새가 지저귀는 소리 같은 덴마크 말을 언제 배워서 대학에서 공부하나. 대학은 그 나라 말로 가르칠 텐데…'

겁이 더럭 났다. 짐을 다 정리하고 더 이상은 염치가 없어 하나님께도 뭘 더 해달라는 말을 못하고 그저 "하나님!" 하고 부르기만 했다. 내가 그렇게도 원하던 유학까지 올 수 있게 해주셨는데 더 이상 할 말이 없었다. 간절한 마음으로 기도를 드리는데 구약성경 창세기에 바벨탑이 무너지는 모습이 머릿속에서 그려졌다. 거기서 하나님께서 각국의 모든 말을 만드셨다는 생각이 떠오르면서 저절로 내 입에서 "말을 만드신 말의 주인이신 하나님이시여, 내 입의 굳은 혀를 풀어주시고 머리를 명석하게 하셔서 말 배우는 지혜를 주옵소서"라는 기도가 나왔다. 그렇게 간절히 기도하는데 하나님이 이렇게 물어보시는 것 같았다.

"너, 한국말을 어떻게 배웠냐?"

나는 바로 대답했다. "어떻게 배웠냐고요? 아빠, 엄마, 까까 하면서 배웠지요." 맞다! 막 태어난 아기는 엄마 아빠 말소리를 흉내 내다가 말을 배우지 않는가. 그래서 나도 그 사람들이 하는 말소리를 흉내 내기로 결심했다. 몇 마디나 흉내를 내면 될까? 사람들이 일상적으로 쓰는 말이 몇 문장이나 될까?

기도를 하다가 노트를 꺼내서 "I am a boy, You are a girl…." 이렇게 영어로 쓰기 시작했다. 90문장쯤 쓰니까 더 이상 떠오르지 않았다. 그리고 새벽부터 밤까지 몇 문장을 외울 수 있나 생각했더니 10문장 정도 외울 수 있을 것 같았다. 새벽부터 밤까지 죽어라 하고 외우면 매일 10문장을 외우고, 한 달이면 300문장을 외울 것이니 그만큼만 외우면 의사소통을 할 수 있을 것 같았다. 그러나 10문장을 외우면 7문장을 잊어버릴 것이므로 기간을 석 달로 늘렸다.

석 달 동안 죽어라 하고 외우면 900문장을 외울 것이고 700문장을 잊어버려도 200문장은 남을 것이므로 목표량을 채우기 위해 최선을 다했다. 그 결과 마침내 3개월 만에 덴마크 말을 할 수 있게 되었다. 나는 이 일로 덴마크 신문에도 대서특필되었다. 덴마크에서 공부하면서 이 나라는 우리보다 한참 앞서 있어서 우리가 따라가기에 적합한 모델이 아니라는 생각이 들었다. 농촌 개발을 시작한 지 얼마 안 되는 나라가 좋겠다는 생각을 했는데 이스라엘이 적격이었다. 이스라엘은 1948년에 나라를 세워 부강한 국가를 만들어 가고 있었다. 그래서 덴마크 유학 중 이스라엘에 견학을 가기도 했다. 그리고 언젠가 이스라엘에 가서 그들의 노하우를 배워야겠다고 생각했다.

그리고 나는 다시 이스라엘로 유학을 갔다. 내 나이 37세 때였

나는 긍정을
선택한다

다. 석사와 박사학위를 받으려면 8-9년을 공부해야만 했다. 그러나 내 나이를 생각할 때 그 기간은 너무 길었다. 나는 석사와 박사학위를 4년 만에 최고 성적으로 끝내겠다는 계획을 세웠다. 어떻게 보면 무모하기 짝이 없는 계획이었다. 그래서 하나님께 기도했다.

"하나님, 제게는 8-9년이란 기간이 너무 깁니다. 그러니 4년 안에 석·박사학위를 받도록 도와주옵소서."

하나님께 간절히 기도한 후 할 수 있다는 자신감을 가지고 달려들기 시작했다. 작은 일에서 자신감을 얻으면 큰일도 해낼 수 있는 자신감이 축적되어 어떤 상황도 이겨낼 수 있는 에너지가 생긴다. 나는 그동안 크고 작은 기적을 체험한 사람이었다. 그러나 자신감만 가지고는 다 되는 것이 아니다. 다시 조심스럽게 로드맵을 그렸다. 구체적이고 치밀한 계획을 세운 것이다.

그리하여 덴마크에서 했던 방식 그대로 3개월 만에 이스라엘 일상용어를 마스터하고 3개월간은 전문용어를 공부하여 대학원 입학시험을 치렀다. 석사를 하며 지도교수에게 특별히 관심 가는 주제를 혼자 연구해보겠다고 지도를 부탁했다. 교수는 숙제도 제대로 못하는 학생이 많은데 따로 연구까지 하겠다는 나를 기특히 여겨 성의껏 지도해주었다. 나는 그 주제로 박사논문을 썼다. 석사과정을 하며 박사논문 준비를 한 것이다. 박사 필수 이수과목을 마치며 논문을 완성했다. 석사 시절부터 그 주제를 지도해준 교수에게 논문을 제출했다.

지도교수는 "당신은 예루살렘 대학 25년간의 기록을 깬 사람이다."라고 했다. 4년 만에 최고 성적으로 석·박사를 마치겠다는 꿈이 현실화되었다. 나이의 많고 적음, 머리의 좋고 나쁨에 관계없이 꿈을 꾸고 계획을 세우고 하나님께 기도하고 노력하면 반드시 그 꿈이 이루어진다는 것을 다시 한 번 체험한 것이다. 나는 예루살렘대학 대학원에 입학한 지 4년 만에 박사학위를 받고 이스라엘 벤구리온대학교의 초빙교수로 부임하여 히브리어로 농촌사회학 강의를 하게 되었다. 구두닦이 출신이 다른 나라에서 그 나라말로 강의하는 교수가 된 것이다.

살다보면 우리는 인생에서 크고 작은 문제를 만나게 된다. '이 문제는 내게 너무 커', '난 도저히 이 문제를 해결할 수 없어.' 당신 앞에 도저히 넘을 수 없는 문제의 산이 버티고 있는가. 하지만 예수님은 "너희가 믿음이 있고 의심치 아니하면 이 산더러 들려 바다에 던지우라 하여도 될 것이요"(마태복음 21:21)라고 말씀하신다. 나는 이 산을 내 앞을 가로막는 인생의 여러 가지 장애물이라고 생각한다. 그러나 산을 움직이는 믿음은 실은 나를 움직이는 믿음이라 할 수 있다. 내가 내 인생을 가로막고 있는 산을 움직일 수 있다는 자신감을 가지면 산은 이미 옮기워진 것이나 마찬가지다. 그러나 산보다 더 옮기기 힘든 것이 내 마음이다. 차라리 산을 옮길지언정 내 마음을 바꾸기는 힘들다는 말이다.

믿음이란 하나님과 내가 하나 됨이다. 전지전능하고 무한하신

나는 긍정을
선택한다

하나님을 믿고 그 하나님 속에 나를 던지면, 하나님과 내가 하나가 되어 내 앞에 가로막힌 산을 능히 뛰어넘는 것은 문제도 아니다. 내가 하나님을 믿고 하나님과 하나 되어 간절히 기도하면 그때그때마다 문제를 해결할 지혜가 생기는 것을 수없이 경험했다. 거기서 얻어진 지혜와 깨달음으로 '할 수 있다' 는 믿음과 확신을 가지고 구체적인 목표와 계획을 세우고 노력하면, 어느새 내 앞에 버티고 있던 산이 비켜가고 새 길이 열리는 것을 경험하곤 한다. 삶 속에서 문제를 만날 때마다 이런 체험을 반복적으로 하면서 나는 점점 더 자신감과 힘을 축적할 수 있었다.

'오르지 못할 나무는 쳐다보지도 말라' 는 속담이 있으나 아무리 낮은 나무도 오르지 못한다고 생각하면 오르지 못하고, 아무리 높은 산도 오를 수 있다는 자신감을 가지면 오르는 정도가 아니라 산 자체를 아예 옮겨버릴 수도 있다. 산을 옮기고 못 옮기는 것은 내 마음에 달렸다. 모든 것은 마음속에서 생겨난다. 무에서 유를 창조할 능력이 있음에도 능력을 발휘하지 못하는 것은 대부분의 사람들이 자신의 능력을 스스로 제한하기 때문이다. 중요한 것은 '나는 충분히 해낼 수 있다' 는 확신과 자신감이다.

35년 전 포항 해병대 사단본부에 특강 초청을 받고 방문했을 때였다. 부대 정문을 막 들어서는데 큰 바위에 "이겨놓고 싸운다"라는 문구가 새겨진 것을 보았다. 이미 이겼다면 왜 싸우는가? 이는 정신적으로 먼저 전투에서 승리한 자신감을 가지고 싸우면 반드시 승리한다는 교훈이 아니겠는가?

스스로를 하찮게 여기지 말라. 대신 '나는 충분히 해낼 수 있다'는 승리자의 마음을 가져라. 나이, 학벌, 배경, 머리와는 상관없이 승리자의 마음을 가지고 믿고 기도하고 나가면 아무리 태산같이 큰 문제도 어느새 내 발밑을 지나 옮겨가 있을 것이다. 기억하라, 산을 들어 바다에 던져버리는 능력이 바로 당신 안에 있다는 것을.

포기하지 말라! 포기하지 말라! 절대 포기하지 말라!

이 말은 윈스턴 처칠(Winston Churchill)이 졸업식에서 했던 축사이기도 하다. 한 명문 대학의 졸업식에 많은 학생과 하객들이 처칠의 축사를 기다리고 있었다. 처칠은 강연대에 올라 묵묵히 청중을 바라보았다. 그리고 잠시 후 이렇게 말했다.

"절대로 포기하지 말라! 절대로 포기하지 말라! 절대로 포기하지 말라!(Never give up! Never give up! Never give up!)"

이 간단한 졸업사는 청중들에게 감동을 주었고, 오늘날까지 많은 이들의 가슴에 기억되고 있다. 그의 이 말이 감동적이었던 것은 그가 어려운 환경을 이기고 포기하지 않는 삶을 몸소 실천했기 때문이다.

영국의 수상이었던 윈스턴 처칠은 노벨문학상을 받은 위대한 작가이자 명연설가이기도 하다. 그러나 이러한 처칠의 생애는 어려서부터 순탄하지 않았다. 여덟 달 만에 태어난 그는 평생을 크고 작은 질병 속에서 보냈으며 어릴 때부터 아버지로부터 "쓸모없는 놈!"이란 소리를 듣고 자랐다. 처칠은 수업 태도도 나빠서 선생님께 늘 꾸지람을 들었고 자주 교장실에 불려갔으며 친구들에게 "바보!"라는 놀림을 받으며 학교에 다녔다. 그러다 보니 좋은 대학에 진학하는 것은 불가능한 일이었고 세 번 만에 간신히 사관학교에 합격했는데 그나마 그것도 자신이 준비해간 문제가 시험에 나왔기에 가능한 것이었다고 한다.

그의 생은 어느 것 하나 긍정적인 요소가 없어보였다. 그러나 그는 그 모든 것을 극복하고 마침내 영국의 수상이 되었으며 그의 넘치는 감수성과 문장력으로 노벨문학상을 받는 작가가 되었다.

처칠은 "성공은 계속된 실패에도 열정을 잃지 않는 능력이다"라고 말했다. 실제로 처칠의 인생은 실패의 연속이었다. 처칠은 자기 비하와 연민에 빠져들 수도 있는 상황에서도 끝까지 포기하지 않고 어려운 상황을 극복하여 놀라운 업적을 이룰 수 있었다. 그 스스로 어려운 환경을 이기고 포기하지 않는 삶을 살았기에 그는 "절대로 포기하지 말라!"는 말을 할 수 있었다.

사람은 스스로를 아무것도 할 수 없는 존재라고 여길 때 자신감을 잃고 두려움과 걱정에 사로잡히게 된다.

'난 너무 늙었어.'

'난 절대 이 상황에서 벗어날 수 없어.'

'내 인생은 이제 더 이상 나아질 게 없어. 차라리 포기하는 게 낫겠어.'

신세 한탄을 하고 우울한 생각을 하면 할수록 모든 일은 점점 더 불가능해진다. 현실의 눈으로 보면 현재의 상황은 도저히 회복될 가망이 없어보이고 아무리 봐도 좋은 일이 일어날 것 같지도 않다. 건강, 사업, 가정, 직장, 모든 것이 최악이라 포기하고 싶은 상황인가? 그러나 절대 절망하거나 포기하지 말라. 포기하느냐, 포기하지 않느냐에 따라 한 사람의 인생이 성공과 실패로 갈라진다.

문제가 너무 커서 하루에도 열두 번 포기하고 싶어도 앞으로 나아가라. 자기 비하나 연민은 금물이다. 대신 자신이 원하는 모습, 성공하는 모습을 그려라. 마음으로 원하는 것이 현실세계에 이루어진다. 이것은 영적인 원리이자 심리학적인 사실이다. 모든 문제가 곪아 터지기 직전이라도 반드시 잘될 거라는 밝고 긍정적인 생각을 품으면 환경도 좋은 쪽으로 바뀌게 되어 있다. 그러나 '난 안 돼', '난 결국 실패할 거야'라는 자기 비하나 연민에 빠지면 실제로 그런 일들이 이루어진다. 희망을 생각하면 희망의 길이 열리고 절망을 생각하면 절망의 상황들이 벌어진다.

절대로 절망감에게 자리를 내어주지 말라. 절망은 처음에는 손님처럼 슬며시 초인종을 누르고 문을 두드린다. 그것에 문을 열어주면 들어와 자리를 잡고 속삭인다.

나는 긍정을 선택한다

'성공은 아무나 하나? 이제껏 성공 못 했는데, 이제 새삼 노력한다고 별 수 있겠어?'

'그래, 내가 성공할 인물이었다면 진작에 성공하고도 남았겠지.'

'기대해봐야 실망만 클 뿐이야. 어리석게 더 나아질 거라는 기대 따위는 하지도 말라고.'

'그래, 네 말이 맞아. 난 다시 일어서봐야 또 넘어질 게 분명해.'

'이제 다 부질없으니 모든 걸 포기하라고, 어서!'

절망과 맞장구를 치고 대화하면 절망은 내 속에서 주인 행세를 한다. 그리고 자신의 동지들인 우울, 낙심, 두려움 등을 불러들여 마음의 집을 점령하며 벼랑 끝으로 몰고간다. 자기를 가로막는 장애물은 외부에 있는 게 아니라 바로 자신의 마음속에 있다. 부정적인 자아상을 품은 사람들은 장애물 위로 날아오르는 자신의 모습을 보지 못한다. 그래서 그 틀에 갇혀 결국 빠져나오지를 못한다. 마음 안에서 이런 어리석은 형상이 커지면 장애물은 영원히 없어지지 않고 점점 더 넘을 수 없는 큰 산이 되어, 날개가 있어도 영영 날아오르지 못하게 되는 것이다.

유럽에 '마지막 한 수'라는 제목을 지닌 벽화가 있다. 악마와 인간이 마주 앉아 장기를 두고 있는 그림이다. 그러나 이미 승리는 판가름 난 것이나 다름없어 보인다. 인간은 궁지에 몰려 쩔쩔매고 있고 악마는 그 앞에서 득의만면한 웃음을 지으며 승리의 쾌감에 젖어 있다. 인간이 더 이상 빠져나갈 틈은 없어보인다. 그러나 이 그림의

묘미는 이미 끝장난 것 같은 장기판 안에 인간이 역전할 수 있는 '마지막 한 수'가 들어 있다는 것이다.

하나님은 이미 끝장난 것 같아보이는, 더 이상 '수'가 보이지 않을 것 같은 불가능한 상황이라도 당신의 인생을 역전시킬 '마지막 한 수'를 준비해놓고 계신다. 하나님은 실패한 자는 사용하시지만 포기한 자는 사용하지 않으신다. 명심하라, '마지막 한 수'는 포기하지 않는 자의 몫이란 사실을.

나는 녹이 슬어 사라지기보다
다 닳아빠진 후에 없어지리라!

1950년 미국의 어느 정신병원, 한 노인이 늦은 밤 스스로 목숨을 끊으려고 남몰래 병원 문을 나선다. 그의 이름은 할랜드 샌더스 (Harland Sanders).

1890년 미국 인디애나에서 2남1녀 중 장남으로 태어난 그는 여섯 살이 되던 해 아버지를 여의었다. 생계를 꾸려나가기 위해 일을 나가야 했던 어머니 대신 그는 두 어린 동생들을 돌보며 음식 만드는 법을 배웠다. 그리고 열 살부터 농장에 취직하여 노동 일을 시작했다. 한 달에 4불을 벌기 위하여 하루에 열네 시간씩 새벽 네 시부터 밤늦게까지 옥수수빵과 치즈로 허기를 채우며 일했다.

나는 긍정을
선택한다

샌더스는 청년이 되어 철도노동자, 보험설계사, 주유소 경영 등 고된 일들을 하면서 아름다운 아내와 자녀도 얻게 되었다. 그러나 대공황과 함께 그의 나이 40세에 무일푼이 되었다. 그럼에도 샌더스는 좌절하지 않고 주유소 귀퉁이 작은 공간에서 어릴 적 어머니가 가르쳐주신 조리법으로 직접 만든 식사를 제공하기 시작했다. 테이블 하나에 의자 여섯 개로 시작한 카페는 입 소문을 타고 크게 성공했다. 45세에는 켄터키 주지사로부터 커널(colonel)이라는 명예대령 칭호도 받게 되어 이후로 '커널 샌더스'로 불리며 마을 유명인사가 되었다.

그는 카페에서 번 돈을 모두 모아 모텔을 지었으나 하루아침에 레스토랑과 모텔은 화재로 재가 되어버렸다. 그 후 그 자리에 142석의 대규모 레스토랑을 다시 지었다. 하지만 국가 도로사업 계획으로 일 년도 안 되어 헐값에 레스토랑을 처분해야 했다. 재기하려고 수없이 오뚝이처럼 일어서봤지만 그에게 남은 것은 거듭된 실패로 인한 빚뿐이었다. 설상가상으로 그는 사랑하던 아들을 잃었고 아내마저 그를 떠났다.

하루아침에 60년간의 생애가 물거품이 되어버렸다. 샌더스는 모든 것을 잃은 충격과 엄습하는 좌절과 절망 등 극심한 정신적 고통으로 결국 정신병원에 입원하고 말았다. 모든 것이 야속하고 미워졌다.

'주님께서 나를 이 땅에 살려두시는 것은 나를 사용하시거나 아

니면 나를 벌주시기 위해서다.'

　그는 마침내 하나님과 자기 자신까지 미워하게 되었고 스스로 비관하여 목숨을 끊기로 작정했다. 밤이 오기를 기다렸던 샌더스는 늦은 밤이 되자 몰래 병원 문을 나섰다. 어떻게 하면 부질없는 목숨을 끊을 수 있을까 궁리하며 밤거리를 배회하던 그때 그의 귓전에 어디선가 희미하지만 분명하게 찬송가 소리가 들려오기 시작했다.

　노랫소리를 따라서 자신도 모르게 작은 예배당으로 이끌려 갔더니 늙은 부인이 혼자 앉아 찬송가를 부르고 있었다. 이 모습을 보는 순간 그의 마음은 뜨거워졌다. 그리고 그 부인과 같이 기도하다가 통곡하기 시작했다. 한참을 울며 회개하고 기도하고 나니 마음이 평안해졌다. 힘이 생겼다. 자살하려던 생각과 근심, 걱정, 염려, 미움이 모두 사라졌다.

　그날 밤 기도 중에 정신병이 다 낫는 체험을 한 뒤 샌더스는 무슨 일이든 다시 시작할 수 있을 것 같은 자신감을 얻었다. 나이도 많고 돈도 없고 오라는 곳도 없었으나 그는 포기하지 않았다. 그에게 남은 것이라고는 집 한 채와 낡은 자동차, 은퇴 보장금인 105불이 전부였다. 하지만 샌더스에게 다시 새로운 희망이 생겼다. 비록 65세라는 인생의 황혼기에 들어선 그였지만 남은 생을 그냥 보내고 싶지는 않았다. 죽는 순간까지 인생과 투쟁하고 싶었다. 그는 이렇게 스스로에게 다짐했다.

　'나는 녹이 슬어 사라지기보다 다 닳아빠진 후에 없어지리라!'

나는 긍정을
선택한다

샌더스는 켄터키 주에 있는 자기 집에서 새로운 작은 사업을 시작했다. 사람들이 "그 노년에 무슨 사업이냐고" 했지만 그는 꿈을 가지고 준비했다. 이번에 그가 벌인 새 사업은 닭튀김 장사였다. 그는 자신만의 닭튀김 비법을 설파하기로 결심하고 중고 포드 승용차에 압력솥을 싣고 전국을 다녔다. 그러나 사람들은 닭튀김에 관심을 가지지 않았다. 가는 곳마다 번번이 거절을 당했다. 그럼에도 불구하고 샌더스는 포기하지 않았다. 무려 1,008번의 퇴짜를 맞고서야 결국 옛 친구의 레스토랑에 치킨 한 조각에 4센트씩을 받는 조건으로 첫 계약을 성사시켰다.

얼마 안 되어 그의 비법으로 조리된 치킨은 대성공을 거두었고 친구는 오래지 않아 200개가 넘는 점포를 운영하게 되었다. 샌더스 또한 꾸준한 승용차 방문 영업을 통해 프랜차이즈 점을 폭발적으로 늘려갔다. 미국 전역에 수백 개의 닭튀김 매장이 생겼고 미국을 넘어 전 세계 약 80여 개국에 매장이 퍼지게 되었다. 이것이 바로 세계적으로 유명한 켄터키 후라이드 치킨(Kentucky Fried Chicken)의 탄생 스토리다.

샌더스는 75세에 다른 사람에게 회사의 운영을 넘기고 남은 생을 구제와 복음전파를 위해 살기로 결심한다. 하나님께서 특별한 목적을 위해 그를 오랜 기간 연단하시고 여러 번에 걸쳐 그의 목숨을 구해주셨다는 것을 깨달았기 때문이다. 그는 불우한 학생들에게 장학금을 주고, 자신의 경험과 재산을 사용하여 간증하고 복음을 전파

하며 살았다. KFC 매장 문 앞에 서 있는 맘씨 좋은 할아버지가 바로 샌더스다. 그는 희망의 상징이다.

65세 노인도 이런 투지가 있었다. 샌더스는 1,009번 도전한 것이 아니라 될 때까지 도전했던 것이다. 실패하면 방법을 달리해서 또 도전한 것이다. 샌더스가 자살의 문턱까지 갔다가 간신히 일어나 65세에 다시 일을 시작했을 때도 금방 성공한 것은 아니다. 닭튀김 비법을 소개하러 다녔을 때 1,008번이나 퇴짜를 맞았다. 나이도 많고 돈도 없고 오라는 데도 없는 그가 중고 승용차에 압력솥을 싣고 조리법을 소개하러 다니며 번번이 퇴짜를 맞을 때 그의 심정이 어떠했을까 상상해보라. 그러나 그는 예전의 샌더스가 아니었다. 하나님이 주신 꿈과 비전이 있었기 때문에 그는 65세의 나이에도 불구하고 그 꿈을 끝까지 붙들 수 있었다.

'나이, 재정, 건강 모든 게 엉망이야.' 라며 나이, 학벌, 외모를 탓하지 말라. 비전은 나이나 환경에 제한받거나 영향받지 않는다. 중요한 것은 마음이다. 낡은 마음을 버리고 새 마음을 품으면 새로운 인생이 찾아온다. 하나님은 당신에게 "보라, 내가 새 일을 행하리니 이제 나타낼 것이라, 너희가 그것을 알지 못하겠느냐?"고 말씀하신다. 하나님은 당신의 믿음과 비전에 따라 새 일을 행하시지 나이나 학벌, 외모에 따라 새 일을 행하시지 않는다.

편안하고 쉽게 저절로 되는 일이란 없다. 포기하고 싶을 때마다 자신이 그 일에 몇 번이나 도전했나 세어보라. 긍정적인 삶, 자신감을 가지고 사는 삶, 기어이 해보겠다는 신념을 가지고 사는 삶, 용기를 가지고 꾸준히 노력하는 삶, 이런 삶 속에서 길이 열린다. 이런 삶에서는 절벽에 구멍이 뚫리고 깜깜한 암흑 속에도 빛이 드리워진다. 이는 막연한 철학이 아니다. 내 **생생한 삶의 현장에서 얻은 경험의 철학**이다. 미래는 당신이 기대하고 도전하는 만큼 열리게 되어 있다. 도전하고 또 도전하라. 당신이 원하는 미래에 닿을 때까지.

나는 무슨 일을 만나든지 '불가능' 이란 단어는 절대 떠올리지 않는다.
대신 어떤 일을 시작하든 반드시 된다는 확신과 되게 한다는
자신감을 가지고 일을 추진한다.
무슨 일이든지 한번 자기 마음속에 '할 수 있다', '해내야 한다',
'하고야 만다' 는 굳은 의지가 강하게 작용하면 신념이 된다.
신념이 되면 행동으로 옮길 수 있는 용기가 따라붙는다.
주어진 여건에서 최선을 다해 노력하면 강한 의지와 신념,
용기와 노력이 결집되어 안 되는 일이 거의 없다.
단지 시간이 많이 걸리고, 인내하면서 노력하기에 달려 있다.
난관에 부딪히면 쉬운 방법에서부터 단계별로 시도하라.
불가능하다고 단정짓고 나면 아무리 생각해봐야
불가능한 이유밖에 떠오르지 않는다.
불가능한 일을 불가능하다고 생각하면 길이 없고,
불가능한 일도 가능하다 생각하고 추진하면
반드시 길이 열리고 아이디어도 생긴다.

세상에서 가장 큰 핸디캡, 부정적 사고

창의력이 진정한 실력

아주 긍정적인 사람이라도 가끔은 자신이 못난 듯이 여겨질 때가 있다. 인간은 신이 아닌 불완전한 존재인 까닭에 못난 부분이 있는 것이 당연하다. 문제는 그 생각에 너무 오래 빠져 있는 것이다. 자신의 단점이나 부족한 점만 보며 더 이상 일어날 수 없다고 판단해버리는 것이 문제다. 세상에서 가장 큰 단점을 갖고 있는 사람은 약점을 가진 사람이 아니라 부정적인 사고를 지닌 사람이다. 약점도 그것을 창조적이고 긍정적으로 바라보는 사람에게는 오히려 플러스가 될 수 있다.

시력이 0.6인 어느 화가의 이야기다. 화가로서 이런 시력은 마이

너스 요소였지만 그는 눈이 나쁘다는 사실을 단점으로 인정하지 않았다. 그는 고민하다 '세밀하게 핀트가 맞는 그림이 아닌 독특한 스타일의 그림을 만들면 되겠구나' 하는 생각을 했고, 물감이 번지는 효과를 이용한 그림을 완성하여 마침내 국제적으로 권위 있는 콘테스트에서 대상을 받을 수 있었다. 칸에서는 이런 동양적인 느낌의 그림을 보고 이 화가를 칸 영화제 공식 포스터 작가로 지목했다. 장애 요인이 창조적인 사고를 통해 플러스 요인으로 바뀐 것이다.

모든 결점이 장점으로 전환되지는 않는다. 그러나 중요한 것은 모든 문제에는 단점이 장점으로, 부족함이 충족함으로 바뀔 여지가 있다는 것이다. 그것을 인정만 하더라도 사물을 대하는 태도가 달라질 수 있다.

보통 하나의 문제가 생겨 그 해결책이 모호하면 대부분의 사람은 거기서 멈춰버리고 만다. 더구나 나이가 든 중년들은 개인적인 경험을 너무 중시한 나머지 다른 사고방식은 좀처럼 받아들이지 못하는 경우가 많다. 특히 기술직이나 전문직 사람들일수록 자기 분야만 보고 전체적으로 문제를 파악하는 능력이 부족하여 고정관념에 묶여버린다. 문제가 생겼을 때 고정관념에 결박당하면 아무리 유능한 사람도 무능한 사람으로 변해버린다.

예루살렘대학원에서 석사 과정을 밟을 때였다. 어느 날 교수가 스페인어로 된 책을 한 권 주며 다음 시간에 나에게 발표를 하라고 했다.

나는 긍정을
선택한다

"선생님, 이 책은 영어가 아니네요. 전 스페인어를 배운 적이 없는데요."

"스페인어는 쉬우니까 그냥 읽으면 됩니다."

교수는 더 이상 내 말을 듣지 않고 나가버렸다. 나는 스페인어를 한 번도 들은 적도 배운 적도 없는데 참으로 황당한 일이었다. 집으로 돌아오면서 답답해 가슴이 터질 것 같았다. '대체 이 불가능한 문제를 어떻게 해결하라는 말인가.' 집에 와서 기도를 하고 곰곰이 생각하자 지혜가 떠올랐다. 스페인에서 유학 온 학생의 도움을 받으면 될 것 같았다.

기숙사를 찾아다니다 마침내 스페인에서 유학 온 학생을 찾아냈다. 그 학생을 집에 데려와 저녁을 대접한 후 책을 보여주었다. 그리고 책의 목차부터 먼저 읽어보라고 했다. 그 학생은 히브리어로 목차를 줄줄 읽어 내려갔다.

그 중 다른 책에서 볼 수 없는 챕터(장)가 하나 있었다. 그래서 그 내용을 읽어달라고 했고 그 부분을 중점적으로 필기하여 일주일 후에 발표를 했다.

"아니, 스페인어를 모른다더니 어떻게 읽었습니까?"

발표를 마치자 교수가 매우 흡족해하며 물었다. 내가 그간의 경위를 설명하자 그제야 교수가 말했다.

"바로 그것입니다. 그것을 깨닫게 하려고 과제를 내준 것입니다."

교수는 앞뒤가 깜깜한 상황에 처했을 때 그것을 풀어나가려는 의지와 창의력이 진정한 실력이라며 칭찬했다.

"미스터 류는 그 과제를 잘 해냈으니 좋은 점수를 주겠습니다."

참으로 고맙게도 그분은 내게 인생을 살아가는 데 있어 또 하나의 중요한 학문을 가르쳐준 셈이었다.

우리도 일을 하다보면 이런 상황에 처할 때가 종종 생긴다. 어떤 사전 지식이나 준비도 없이 일을 처리해야 하는 경우가 생기는가 하면, 자신의 분야와는 전혀 다른 일이 갑자기 주어질 때도 있다. 필요한 비용이나 자료도 없이 무조건 해결하라는 경우도 있다. 그때마다 불평하고 시도해보지도 않고 포기하면 아무 일도 할 수 없다. 회사를 옮긴다고 해서 상황이 나아지지 않는다. 예상치 못한 상황은 어디를 가든지 찾아오기 마련이다. 그때마다 주어진 여건에서만 해결하려고 하면 발전할 수 없다.

주어진 환경에 해결방법이 없다면 주어진 조건 밖에서 해결책을 찾도록 노력해야 한다. 처음부터 불가능하다는 고정관념을 버리고 조건 밖에서 해결책을 찾아보라는 것이다. 그러기 위해서는 평소 작은 일에서부터 이런 능력을 키워놓는 훈련이 필요하다.

평소 고정관념을 벗어나 늘 '왜?', '어떻게?'라는 문제의식을 가지고 새로운 시각으로 주위를 바라보는 연습을 해보라. 기발한 생각이 떠오르면 메모를 하라. 그리고 생각을 거듭해서 실행할 수 있는 아이디어로 창출하는 훈련을 하라. 이런 훈련을 쌓으면 어느 환경에 있든지 어떤 문제를 만나든지 두려움 없이 해결할 능력이 생긴다.

『탈무드』에 이런 예화가 있다. 어떤 농부가 죽기 전에 젖소 열일곱 마리를 물려주면서 유언을 했다.

"내가 죽으면 가지고 있는 젖소의 절반을 큰아들에게 주어라. 둘째에게는 그 나머지의 3분의 2를 주고, 셋째 아들에게는 그 나머지의 3분의 2를 주어라."

아버지가 돌아가신 후 큰아들이 젖소를 유언대로 나눠 가지려다 보니 열일곱 마리를 반으로 나눌 수 없었다. 동생들은 형에게 한 마리를 반으로 나눌 수 없으니 반은 형이 양보하여 여덟 마리만 가져가라고 했다. 하지만 형은 아버지의 유언을 어김없이 지키는 것이 도리라며 아홉 마리를 가지겠다고 했다. 동생들은 이를 거부하였다. 형제들은 머리를 싸매고 의논했지만 결론이 나지 않았다. 그래서 지혜의 사람으로 알려진 랍비를 찾아갔다.

전후 이야기를 들은 유대인 랍비가 말했다.

"내가 소를 한 마리 줄 테니 이것을 가지고 가서 나눠보시오."

젖소 열일곱 마리에 한 마리를 합치니 열여덟 마리가 되었다. 그래서 큰 아들이 아홉 마리, 둘째 아들은 그 나머지의 3분의 2인 여섯 마리를 가졌다. 그리고 나머지 세 마리 중에서 어린 막내아들이 3분의 2인 두 마리를 갖자 한 마리가 남게 되었다. 그래서 한 마리는 랍비에게 다시 돌려주었다. 랍비가 말했다.

"풀기 어려운 문제를 해결할 때는 주어진 조건에서만 생각하지 말고 그 조건 밖에 해결책이 있다는 것을 기억하십시오."

이 『탈무드』 예화는 주어진 조건이나 여건에서만 해결책을 찾지 말고 다른 시각으로 생각한다면 해결책이 있다는 것을 가르치고 있다. 즉, 자기가 생각하는 것 밖에 해결책이 있다는 것이다. 이것이 곧 지혜다.

된다고 생각하면 되고, 안된다고 생각하면 안된다

어느 날, 대학을 다니고 있던 딸아이가 달걀을 가지고 와서 물었다.

"아빠, 이 달걀이 유리탁자 위에 세워진다고 생각하세요?"

그때까지 나는 달걀은 밑을 조금 깨야 서는 것으로 생각하고 있었다. 그런데 딸아이가 달걀을 깨지도 않고 유리탁자 위에 세우는 것이었다. 나는 믿기지가 않아 딸에게 혹시 요술을 하는 거냐고 물었다.

"아빠는 내가 세우는 것을 보고도 못 믿으세요?"

딸은 내 눈앞에서 달걀을 깨서 노른자를 보여주었다. 정말 보통 달걀이었다.

나는 달걀은 세울 수 없다는 고정관념이 내 안에 자리 잡고 있다는 것을 깨달았다. 그래서 달걀을 세워보려고 노력해본 적도 없고,

노력할 생각도 하지 않았다. 그러나 딸이 알려준 대로 계란 속의 노른자를 흔들어 잘 안정시켜 놓은 다음 조심스럽게 세워보니 정말 계란이 유리테이블 위에 오똑 세워지는 것이었다.

현대그룹 고 정주영 회장이 부하 직원들에게 가장 많이 한 말이 "이봐, 해봤어?"란 말이라고 한다. 그가 불가능한 일을 지시할 때마다 직원들이 안 된다고 고개를 저으면 어김없이 "이봐, 해봤어?"란 말부터 했다는 것이다. 시도하거나 노력해보지도 않고 왜 안 된다는 말부터 하느냐는 뜻이었을 것이다.

우리는 흔히 마땅히 할 수 있는 일임에도 해보지도 않고 미리 불가능한 조건부터 늘어놓는 경우가 많다. 돈이 없다, 인력이 없어서 안 된다. 경쟁이 심하다, 이것도 안 되고 저것도 안 된다 등등… 이런 마음이 작은 일에서부터 작용을 한다. 그렇게 작은 일에서부터 안 된다고 생각하는 사람들의 삶에서는 모든 일이 안 된다. 스스로 무슨 일을 하려는 의욕이 상실되고 자신감이 없어지게 된다.

당신 주위에 불가능한 일이 얼마나 많은지 불가능한 일을 찾아보라. 모두 불가능한 일뿐이다. 그러나 이제부터 모두 뒤집어 가능하다고 생각하라. 작은 일부터 가능하다 생각하며 시도하고, 마침내 성취하게 되면 어떤 일에 부딪혀도 해낼 수 있는 힘과 자신감이 길러질 것이다.

그리고 자기 분야에서 일상화된 방식으로만 생각하는 데서 벗어나 다른 분야에 관심을 가지고 틈나는 대로 아이디어를 끌어내는 연습을 해보라. 고정관념을 버리고 연습을 하면 다양한 아이디어가 떠오르게 된다. 작은 아이디어라도 계속 생각하면 점점 커진다. 한 가지 주제를 가지고 계속 생각하다보면 일상생활에서도 그와 관련된 것들만 보이고 잠재의식을 일깨워 생각지도 못한 새로운 아이디어가 떠오르게 된다.

나는 내가 하는 일이 아닌 분야에도 늘 관심을 가지고 아이디어를 생각한다. 식당에 갔을 때는 어떻게 하면 식당 운영을 잘할 수 있을까를 생각하고, 운전을 하다가 교통 체증이 심하면 내가 교통부 장관이라면 이 문제를 어떻게 풀 것인가를 생각한다. 평생 이렇게 많은 분야에 관심을 가지고 그 분야를 발전시킬 아이디어를 생각하다보니, 이를 통해 종종 새로운 일과 만나게 된다. 그 분야의 전문가와 만나 얘기를 나누다 내가 평소 생각하던 발전 방안을 들려주면 함께 일을 해보자고 하는 것이다. 연습 없이 이루어지는 것은 아무것도 없다. 좋은 아이디어도 평소 연습의 결과다.

된다고 생각하면 되고, 안 된다고 생각하면 안 되게 되어 있다. 된다고 생각하는 사람들은 될 수밖에 없는 이유를 찾아내고, 안 된다고 생각하는 사람들은 안 되는 이유부터 찾아낸다. 이제부터 되는 것만 생각하고 안 될 것도 해보라.

명심하라. 세상은 안 되는 일은 없다고 생각하는 사람들, 뭐든지 할 수 있다고 생각하는 사람들에 의해 이끌어지고 진화되어 왔음을.

나는 긍정을
선택한다

'내가 교통부 장관이라면…'

나는 대학을 다닐 때 매일 내가 장관이 되는 상상놀이를 했다. 매월 문교부 장관, 교통부 장관, 농림부 장관 등 그 달의 역할을 한 가지씩 정한 후 한 달 동안 직접 그 부서 장관인 것처럼 사회를 바라보았다. 장관의 눈으로 시찰하듯 사회를 보고 거리와 관공서와 사람들을 살폈다. 그리고 문제점을 발견해서 '나라면 이렇게 할 텐데…', '나라면 이런 식으로 시정을 할 텐데…' 하는 생각을 하며 메모지에 기록했다.

마치 진짜 장관인 것처럼 마음으로 행동한 것이다. 내가 교통부 장관 노릇을 할 때는 졸면서 전차를 운전하는 기사까지 내 시찰의 대상이 되어 이를 시정하기 위한 구체적인 방법을 생각하고 이를 지시하고 명령하는 상상을 했다. 그렇게 나는 세상의 모든 직업을 가져보았다. 육군참모총장, 해군참모총장, 대통령까지 해보았다. 그것도 한 번으로 끝난 것이 아니라 여러 번 반복해서. 이러한 경험이 훗날 내게 엄청난 도움이 되었으며, 지금까지도 내 직장생활에 유용한 도움을 주고 있다.

쇼핑을 가서 물건이 맘에 안 들거나, 음식점에서 음식 맛이 없거나 서비스가 맘에 들지 않으면 불평불만을 얘기하는 대신 '나라면 이렇게 할텐데…' 하며 좀 더 나은 서비스나 맛을 제공하려면 어떻게 할지 생각해보라. 그런 생각을 많이 하면 당장은 쓸 일이 없어도 어느 날 긴요하게 쓰일 날이 있을 것이다. 비록 내 전문분야가 아니더라도 항상 관심을 가지는 습관이 중요하다. 이렇게 하면 그 일에 관심이 생기게 되고 나중에 그 일을 할 기회가 왔을 때 당황하지 않게 된다.

또 자신의 상사를 대할 때 그의 태도나 행동 등이 마음에 들지 않으면 그를 비판하는 것으로 끝날 것이 아니라 '이런 식으로 대하면 부하들이 훨씬 일하기 편하고 즐겁게 의견도 교환할 수 있을 텐데…' 라는 생각을 해보라. 즉, 자신이 상사라면 이런 경우 어떻게 할 것인지를 연구하고 상상해보는 것이다. 그러면 나중에 자신이 상사가 되었을 때 부하 직원들에게 가까이 다가가는 상사가 될 수 있다.

사람은 대개 현재 주어진 역할에만 몰입하여 그것을 해내는 데 만족한다. 그러나 그것으로는 부족하다. 늘 새로운 눈으로 사물을 바라보고 '나라면 이렇게 할 텐데…' 하는 마음가짐으로 주위 환경에 관심을 가지고 새로운 일을 착상하는 상상과 훈련을 하라. 평소 이런 생각과 훈련을 해두면 어려운 일이 닥치거나 회사가 망했을 때도 쉽게 새로운 환경에 적응하고 새로운 아이디어를 창출함으로써 재기할 수 있을 것이다.

공짜로 세계 각국 돌을 얻다

건국대학교의 한민족문화연구원 원장으로 재직하던 시절이었다. 어느 날 이사장이 난감한 표정으로 나를 찾아왔다. 자신이 꼭 추진하고 싶은 일이 있어 제안을 했는데 모두 불가능하다고 반대하여 철회되었다며, 그래도 자신은 이 일을 꼭 하고 싶다면서 도와달라고 했다.

이사장이 하고 싶은 일이란 세계 각국에서 두께가 30센티미터, 폭과 높이가 각각 1.5미터에 3톤 정도 되는 돌을 기증받아다가 그 나라의 국민이 좋아하는 상징적인 문구를 새겨서 '언어문자 기념비 공원'을 만드는 것이었다. 그러나 대학교에서는 만장일치로 불가능하다는 결론을 내렸다는 것이다.

"전적으로 불가능한 일이지만 류 박사님은 할 수 있을 것입니다."

이사장은 다른 사람은 못 해도 나는 가능할 것이라며 도와줄 것을 간곡히 부탁했다. 더구나 학교에서 지불할 수 있는 예산은 한 푼도 없고, 단지 돌이 들어오면 새기는 비용과 세우는 비용만 부담하겠다는 것이었다. 비용 한 푼 안 들이고 세계 각국에서 그 크고 무거운 돌을 운반해오라니…. 어찌 보면 상식에 어긋난 제안일 수 있었다. 그러나 이사장의 부탁을 받아들여 해보겠다고 했다.

나는 일단 이스라엘 돌부터 가져와야겠다고 마음먹었다. 그래서 직접 이스라엘 외무성에 계획서를 작성해서 가져갔다. 비석을 세우려는 목적과 기대효과와 활용도를 그럴듯하게 작성한 후 외무성의 차관보를 만나 계획을 이야기하며 협조를 부탁했다.

"다른 나라 돌비석은 다 세워졌는데 이스라엘만 빠지면 되겠습니까?"

"이스라엘이 빠지면 안 되지요, 이스라엘도 꼭 넣어주세요."

"그러면 이스라엘석을 기증해주시기 바랍니다. 저희들은 꼭 기증한 돌로만 세우기로 했습니다."

그러자 담당자는 난색을 표하더니 정중하게 말했다.

"저도 도와드리고 싶지만 저희에게는 그럴 만한 예산이 없습니다."

그만한 돌을 사서 한국에 부치려면 적어도 한화로 약 5-6백만 원의 비용이 들기 때문이었다. 그러나 물러서지 않고 예루살렘에 있는 한 석재상의 사장에게 내가 시키는 대로 전화 한 통만 해주면 돌은 내가 얻어오겠다고 자신 있게 말했다. 차관보는 내가 시키는 대로 석재상에 전화를 걸었다.

"서울에 있는 한 대학교에서 세계 각국에서 기증받은 돌을 가지고 언어문자 기념비 공원을 세운다고 하는데 우리도 이스라엘을 상징하는 문구를 새겨서 참여하고자 합니다. 이 일에 장관이 특별히 관심을 가지고 귀 회사에서 돌을 하나 기증하기를 원하십니다. 구체적인 것은 류 박사가 설명할 것입니다."

나는 긍정을
선택한다

차관보가 직접 예루살렘 석재 사장과 전화 통화를 마치자 나는 석재회사를 찾아갔다. 사장은 기다렸다는 듯이 나를 반겨 맞았다. 그는 장관이 자기 회사에 관심을 가지고 지명해준 사실과, 자기가 기증한 돌이 이스라엘을 상징하는 문구를 새긴 기념 비석이 되어 세계 각국의 비석과 함께 전시된다는 사실에 몹시 들떠 있었다. 그는 내가 도착하자마자 나를 산처럼 쌓인 돌들 앞으로 데려가더니 자랑스럽게 말했다.

"이 중에서 맘대로 돌을 골라보십시오. 어떤 돌이든 원하는 규격으로 기증해드리겠습니다."

이렇게 해서 돌은 일단 해결되었다. 문제는 운반 비용이었다. 한국으로 그 거대한 돌을 운반하려면 예루살렘에서 홍해항구까지, 다시 한국 인천항구까지, 그리고 인천항에서 건국대학교까지 그 운반 비용이 엄청났기 때문이다.

나는 또 같은 방법으로 차관보에게 텔아비브에 있는 이스라엘 짐라인 해운회사의 사장에게 전화를 걸어줄 것을 부탁했다. 그리고 해운회사 사장을 찾아가 이야기했다.

"예루살렘의 큰 돌 한 개를 서울에 있는 건국대학교 마당까지 운반해야 하는데, 만일 당신 회사가 이 일에 협조해주면 돌 뒤에 당신 회사 이름을 새겨주겠습니다. 그러면 당신 회사 이름이 세계 각국에 알려질 것입니다."

해운회사 사장 역시 자신의 회사 이름이 비석에 새겨진다는 말에 그렇게만 해준다면 우리 회사의 영광이라며 도리어 내게 고맙다고 거듭 인사를 했다. 이렇게 일이 이루어지자 당시 이스라엘 외무성 사람들조차 "우리들도 해결 못 할 일을 당신은 해냈군요" 하면서 내게 외무성의 상임고문을 맡아달라는 요청을 해오기도 했다.

이후 다른 나라의 돌들도 이런 방법으로 추진하여 결국 세계 각국의 돌들을 십 원 한 푼 안 들이고 건국대학교 도서관 앞까지 들여오게 되었다. 현재 건국대학교 도서관 앞에는 이렇게 얻어진 세계 60개 국의 커다란 돌비석들이 세워져 있다. 처음부터 불가능하다는 마음을 가지면 이루어질 수 없는 일이었다.

나는 무슨 일을 만나든지 '불가능'이란 단어는 절대 떠올리지 않는다. 대신 어떤 일을 시작하든 반드시 된다는 확신과 되게 한다는 자신감을 가지고 일을 추진한다. 무슨 일이든지 한번 자기 마음속에 '할 수 있다', '해내야 한다', '하고야 만다'는 굳은 의지가 강하게 작용하면 신념이 된다. 신념이 되면 행동으로 옮길 수 있는 용기가 따라붙는다. 주어진 여건에서 최선을 다해 노력하면 강한 의지와 신념, 용기와 노력이 결집되어 안 되는 일이 거의 없다. 단지 시간이 많이 걸리고, 인내하면서 노력하기에 달려 있다.

난관에 부딪히면 쉬운 방법에서부터 단계별로 시도하라. 불가능하다고 단정짓고 나면 아무리 생각해봐야 불가능한 이유밖에 떠오르지 않는다. 불가능한 일을 불가능하다고 생각하면 길이 없고, 불가능한 일도 가능하다 생각하고 추진하면 반드시 길이 열리고 아이디어도 생긴다.

어려운 일일수록 쉽게 생각하라. 무슨 일이든지 어렵게 생각하면 한없이 어렵고 쉽게 생각하면 쉬운 법이다. 가장 좋은 방법은 정면 도전이다. 어떤 일이든 부딪쳐봐야 방법이 나온다.

자신감 넘치는 삶을 만드는 데는 세 가지 원칙이 있다.
첫째, 아침에 눈뜨기 직전 의식이 드는 순간부터 '나는 할 수 있다',
'나는 아무리 힘들어도 일어날 수 있다' 는 생각을 반복해서 하라.
둘째, 기분 나쁜 일은 생각하지 말고 좋은 일만을 생각하고
성취한 일만을 생각하라.
셋째, 성공할 수 있다는 가정하에 구체적 실천 계획을 세워라.

자신감, 당신은 이미
다이아몬드를 가지고 있다

눈깔사탕과 다이아몬드를 바꾼 사람들

"나는 성공할 수 없어."

"아무리 노력해봐야 내 꿈은 이뤄지지 않아."

이렇게 말하는 사람들의 공통점은 대부분 자신감이 결여된 사람들이다.

"자신감을 가질 게 있어야 갖지. 나같이 평범한 사람이 무슨…."

자신감은 특별한 사람에게만 있는 것이 아니다. 단지 자신 안에 있는 잠재력과 능력을 보지 못하고 스스로 하찮게 여김으로 잠재력을 개발하지 못하는 것이다.

노벨 경제학상을 수상한 미국의 경제학자 갈브레이스(John

Kenneth Galbraith)는 하버드 대학의 경제학 교수로 선진국과 후진국의 관계를 다룬 정책적 연구 과제를 많이 수행했고, 미국의 발전도상국가 지원정책 입안에 적극 참여했던 학자로 유명하다. 그의 글 가운데 아프리카 어린이들의 공깃돌놀이 이야기가 있다.

서구 선진국 사람들이 미지의 나라 아프리카에 상륙하여보니 어린애들이 공깃돌놀이를 하고 있었다. 자세히 보니 공깃돌이 모두 순도 높은 다이아몬드 원석이었다. 다이아몬드 알이 공깃돌만큼씩 크다면 그 가격은 얼마나 되었을까? 아마도 한국 돈으로 환산하면 1억 내지 2억 원 상당의 가치가 있었을 것이다.

억대 다이아몬드 알이 오르내리는 모습을 지켜보던 선진국 사람들은 배로 가서 눈깔사탕이 가득 든 깡통을 들고왔다. 그리고 애들이 보는 앞에서 자기들이 먼저 한 알을 입에 넣고 그 다음 어린아이들의 입 속에 눈깔사탕을 넣어주었다. 입 속에 들어간 사탕은 아프리카 아이들의 혀를 요동치게 하며 놀라게 하기에 충분했다.

애들은 단숨에 집으로 뛰어가 사탕을 엄마 입에 넣어주었고 그 사탕알은 아빠 입 속에서 형제의 입속으로 옮겨 다니며 온 가족의 정신을 홀딱 빼놓았다. 이리하여 어른 아이 할 것 없이 사람들이 구름 떼처럼 모여들어 공짜로 나눠주는 사탕을 얻어먹으려고 야단들이었다. 얼마가 지나 공짜는 끝나고 선진국 사람들이 제안한 것이 물물교환이었다. 공깃돌(다이아몬드)의 가치를 전혀 알지 못한 사람들은 공깃돌 한 알과 사탕 한 알을 맞바꾸어 먹었다. 그것도 대단한 은혜를 입은 사람처럼 몇 번씩이나 절을 하면서 바꾸어 갔다.

자기가 가지고 있는 것의 가치를 모르는 아이들이 다이아몬드를 눈깔사탕과 바꾼 이 이야기는 내게 큰 충격을 주었다. 바로 그 미개한 아이들이 바로 내가, 우리가 아닌가 하는 생각이 들었기 때문이다. 직장 생활 몇 년이 지나면 매너리즘에 빠진다. 그날의 일을 대충 마무리하고 '오늘은 누구하고 만나 한잔할까?', '누구하고 고스톱을 칠까?', '누구하고 노래방을 갈까?' 하는 생각을 하기가 쉽다. 말초신경을 즐겁게 하고 혓바닥이나 달콤하게 하는 일에 온통 정신이 팔리는 것이다. 이런 일은 그 시효가 하루다. 다음 날이 되면, 또 눈깔사탕을 먹어야 하는 것이다. 마음을 들여다볼 수 있는 창문이 눈이라고 한다. 자기의 눈빛을 응시해보자. 이미 내가 가진 다이아몬드를 보는가? 남이 가진 눈깔사탕을 보는가?

소르본대 학생회장이 된 한국인 여학생

내가 대학에서 가르쳤던 어느 평범한 한 여학생의 이야기다.

졸업을 앞둔 어느 날 한 여학생이 연구실로 찾아와 취직자리 좀 알아봐달라고 부탁을 해왔다. 나는 필기시험에 합격하면 면접을 통과하도록 도와주겠다고 했다. 그러나 그 여학생은 필기시험조차 합격할 자신이 없다며 시험 안 보고 들어가는 곳으로 가고 싶다고 했다.

"시험 안 보는 데가 어디 있어?"

"중소기업 사장실 같은 데요. 비서실에 가면 전화 받고 차 끓이는 일은 제가 잘할 수 있거든요…."

"글쎄, 내가 아는 사장들은 다 큰 회사 분들이라서…."

"교수님은 모르는 사람이 없는데 작은 회사 사장을 모르면 큰 회사 사장에게 한 다리 건너 부탁을 하시면 되잖아요."

학교 성적은 보통이었으나 평소 성격이 밝고 명랑했던 그 여학생은 내게 구체적인 방법까지 알려주며 거의 조르다시피 간청했다. 몇 차례인가 내 연구실에 찾아온 그 학생에게 어느 날인가 시간이 있어서 진지한 상담을 하게 되었다.

"그렇게 부탁해서 차 끓이고 전화 받는 일 하다가 어쩌다 실수로 커피라도 사장 무릎에 엎지르면 당장 쫓겨날 텐데, 그러면 끝 아니냐. 세상을 그렇게 아쉽게 살지 말고 사회가 필요로 하는 사람이 먼저 돼야지. 회사가 불러주길 기다리지 말고 회사에서 모셔 가려고 간청하는 사람이 되어야 하지 않겠니?"

"교수님, 누가 그걸 모르나요? 여기저기서 나를 데려가려고 하면 얼마나 좋겠어요. 그러나 누가 절 데려가야 말이지요."

"너는 어떤 분야에서 일을 하고 싶으냐?"

"전 제과점을 운영하고 싶어요. 우리 동네 제과점을 보니 돈을 잘 벌더라고요."

나는 학생을 설득하기 시작했다. 그리고 단순한 제과점 주인이 아닌 그 분야의 최고 전문가가 될 준비를 하라고. 그러기 위해서는 공부를 해야 한다고 했다. 이왕 할 바에는 프랑스로 가서 일류대학을 졸업하여 최고가 되는 게 어떻겠느냐고 설득했다.

"그동안 학과가 마음에 안 들어 공부도 안하고 놀았는데, 이제 와서 유학을 가라고요?"

자기는 영어도 잘 못하고 더구나 불어는 알파벳조차 모른다는 것이었다.

나는 덴마크로 유학 가서 덴마크 알파벳도 모르는 상태에서 3개월 만에 일상 덴마크어를 끝내고 전문용어를 익혀 6개월 만에 대학에서 덴마크어로 공부했던 나의 경험을 들려주며 용기를 주었다. 그리고 이스라엘에 유학 가서도 이스라엘어의 알파벳부터 배우기 시작하여 6개월 만에 대학원 입학시험을 보았고 합격하여 석사, 박사학위를 4년 만에 마칠 수 있었던 이야기를 해주었다.

나는 돈이 없어서 돈을 벌면서 공부하느라고 대학을 서른세 살에 졸업한 사람이고, 네가 고등학교 다닐 때 나는 중학교도 졸업하지 못했다. 나처럼 못나고 형편없는 사람도(야간고등학교도 성적이 중간이었다) 덴마크 유학을 가서 3개월만에 일상회화를 구사하고 6개월 만에 대학원에 들어갔는데 너는 그래도 야간대학을 졸업한 나보다 훨씬 낫지 않느냐. 그러니 너는 분명히 나보다 더 빨리 할 수 있을 거라며 격려했다.

그 학생은 결국 파리로 떠났다. 그리고 3개월 만에 일상회화를 할 수 있게 되었고, 6개월 만에 파리 소르본대학에 입학하여 첫 학기부터 올 A를 받았다. 이후 학생회장까지 하고 수석 졸업을 했다.

그 학생은 이미 졸업 전에 내가 주선하여 국내 유명 재벌그룹의 제과회사로부터 취업 제의를 받아 졸업 후 귀국하여 취업이 되었고, 마케팅팀에서 활발히 활약하다 이후 다른 대기업 전자회사의 눈에 띄어 스카우트되어 갔다. 능력을 인정받아 일을 하다보니 매사에 더욱 자신감이 생겨났고 새로운 일거리가 눈에 띄게 되었다.

그 후 재벌회사에서 물러나 처녀의 몸으로 첨단기술 분야의 벤처회사를 설립하고 운영하는데, 한국에서 초정밀 가공회사로 국가의 인정까지 받아 지원을 받아내는 등 현재 한국 IT 업계의 선두를 달리고 있다. 만일 그 학생이 자신을 하찮게 여기고 포기했다면 지금쯤 그저 그런 평범한 인생을 살아가고 있었을 것이다.

그 학생이 유학을 떠날 때 가져간 것은 오로지 '나도 충분히 해낼 수 있다', '하면 된다'는 각오와, 전능하신 하나님을 향한 기도와 내게 능력 주시는 주 안에서 내가 모든 것을 할 수 있다는 자신감이었다. 자신감 속에는 인생을 역전시킬 수 있는 엄청난 잠재력과 위력이 들어 있다는 것을 몸소 입증한 것이다.

그러나 그 학생이 늘 자신감에 차 있었던 건 아니다. 경제적으로 어려워 아르바이트를 하며 힘든 공부를 할 때마다 다 포기하고 한국으로 돌아가고픈 생각이 들 때도 있었다.

나는 긍정을 선택한다

'내가 왜 이런 고생을 하나.'

'과연 내가 해낼 수 있을까. 괜히 부질없는 짓을 하는 건 아닐까?'

이런 두려움과 걱정이 파도처럼 덮쳐올 때마다, 그 학생은 이런 순간들을 극복하고 반드시 해낼 수 있으니 자신감을 잃지 말고 하나님께 기도하여 용기를 내라는 내 말을 기억했다고 한다.

"걱정과 두려움이 몰려올 때마다 단어 하나를 더 외우고 문장 하나를 더 외웠어요. 고민하고 걱정해봐야 시간만 낭비라는 생각이 들더군요. 그래서 두려움을 쫓아내고자 그 시간에 단어 하나를 더 외우며 성공한 내 모습을 상상했어요."

그 학생이 6개월 만에 원하는 소르본대학에 입학해서 우수한 성적으로 학교를 졸업하고 원하는 회사에 초빙되어 당당히 입사할 수 있었던 것은, 이렇듯 부정적인 생각이 들 때마다 성공적인 미래를 내다보며 긍정적인 생각으로 바꿔 가졌기 때문이다.

마음에 품은 생각이 미래를 창조한다. 내가 길거리에서 노숙을 하고 쓰레기통을 뒤지면서도 비굴하거나 신세를 비관하지 않았던 것은, 유학을 가고 세계적인 일을 하고 국가와 농촌사회를 위해 일하는 미래의 내 모습을 그리며 자신감을 가지고 믿음으로 나아갔기 때문이다. 그 결과 나는 마침내 그 많은 장애물을 뛰어넘을 수 있었다.

나는 덴마크에서 유학할 때 외무성 차관보를 설득하여 덴마크

정부 예산과 계획으로 유럽 일주 문화고찰 여행을 1개월간 했으며, 이스라엘 외무성 고위층을 설득하여 이스라엘 정부 예산과 행정 지원을 받아 1개월간 성지순례를 했다. 경호병이 밀착 경호하는 가운데 이스라엘 역사 · 지리전문가와 함께 1개월간 이스라엘 방방곡곡을 방문했다. 또 이스라엘 정부의 예산과 촬영 지원을 받아 영화 두 편을 기획하고 감독, 출연하여 한국에 교육용으로 보급한 일이 있다.

나는 할 수 없다고 스스로 자기 비하를 하지 말라. 마음속에 일어나는 소원을 무시하지 말고 '나도 할 수 있다', '하면 된다'는 자신감을 가지고 성공한 미래의 모습을 그리며 도전하고 나아가라. 사람은 자신이 생각하는 만큼 살게 되어 있다. 스스로 자신의 한계를 정하면 그만큼밖에 살지 못한다. 그러므로 난 할 수 없다는 생각을 버리고 믿음으로 도전하라. 절대로 기죽지 말라. 그러할 때 당신이 미처 생각하지 못한 능력과 잠재력이 나타날 것이다. 자신감 속에는 인생을 역전시키는 엄청난 위력이 있다. 자신감을 가지라. 할 수 있다는 신념을 가지라. 그리고 하나님께 기도하라. 그러면 이루어진다.

자신감 넘치는 삶을 만드는 데는 세 가지 원칙이 있다. 첫째, 아침에 눈뜨기 직전 의식이 드는 순간부터 '나는 할 수 있다', '나는 아무리 힘들어도 일어날 수 있다'는 생각을 반복해서 하라. 둘째, 기분 나쁜 일은 생각하지 말고 좋은 일만을 생각하고 성취한 일만을

나는 긍정을
선택한다

생각하라. 셋째, 성공할 수 있다는 가정하에 구체적 실천 계획을 세워라.

그러나 노력하고 또 노력해도 부정적인 생각이 들 수 있다. 그때는 성취했던 작은 일을 떠올려라. 그리고 간단히 할 수 있는 일을 해서 성취감을 느껴라. 가령 가구를 옮긴다고 마음먹었으면 가구를 당장 옮기는 일부터 실천하라. 간단한 일이라도 막상 하고 나면 해냈다는 사실로 성취감을 느낄 수 있다. 아이에게 힘든 일을 시키면 이행하지 못하듯, 자신에게도 성취하기 힘든 일을 시키지 말고 쉽게 성취할 수 있는 단순한 일부터 시작하라. 이렇게 성취하는 일이 쌓이면 자신감이 생긴다. 할 수 있는 쉬운 일부터 시작하라. 자기가 자기에게 명령하여 성공한 작은 그 일들을 축적하면 엄청난 자신감이 생기게 될 것이다.

20불과 100불의 차이를 만든 것은?

2005년, 미국 뉴저지에 살고 있을 때 만난 사람을 소개하고자 한다. P씨는 한국에서 대학 졸업 후 대기업에 입사하여 부장까지 올라갔다. 그는 시간이 가는지 날이 가는지 모르고 오로지 일만 했다. 열심히 일하고 노력한 덕에 아파트도 서너 채 장만해서 안락한 노후생활도 보장해두었다.

그러다 사업을 하는 P씨의 친한 친구가 보증을 부탁해왔다. 친구는 한동안 P씨의 도움으로 사업이 번창하여 사업을 날로 확장해 나갔다. 고맙다고 케이크와 선물도 보내왔다. 그러나 2년 후 보증을 섰던 친구의 사업체가 과잉투자로 하루아침에 망하면서 결국 P씨의 재산까지 차압이 들어왔다. 가지고 있던 부동산은 물론 심지어 살고 있던 집마저 경매로 넘어갔다. 그간 열심히 일해서 모아놓은 모든 재산이 순식간에 날아가버림은 물론 회사도 더 이상 다닐 수 없는 처지가 되어버렸다. 졸지에 빈털터리가 되어 길바닥에 나앉는 신세가 되어버린 것이다.

P씨가 월세방에서 세 아이들과 생활하던 중 마침 3년 전 미국 시민권자인 처형의 초청으로 이민 신청을 해놓았던 허가서가 나왔다. P씨와 가족은 간신히 비행기 값을 마련하여 미국으로 건너가 처형 집에서 지내게 되었다. 일단 가보면 무슨 수가 생기겠지 했으나 막상 도착해보니 막막하기만 했다. 아내는 자신의 친언니라 그런지 처형과 그럭저럭 지내는듯 싶었으나 P씨는 날이 갈수록 눈치가 보여 방 안에 틀어박혀 지냈다. 하루 이틀도 아니고 그렇게 지내다보니 자신이 점점 더 비참해져서 견딜 수가 없었다.

'내가 뭘 잘못했다고…. 열심히 일 한 죄밖에 없는데.'

'왜 내가 이런 일을 당해야 하나….'

'과연 내가 다시 일어설 수 있을까.'

P씨는 억울함과 분노로 원망하고 미워하는 일로 하루를 보냈다.

하루 종일 방안에 틀어박혀 멍하니 천장만 바라보며 나날을 보내다 보니 P씨는 자신이 쓰레기 같다는 생각이 들었다. '그래, 밑바닥부터 시작하자.' 길에 나가 어슬렁거리며 할 만한 일거리를 찾아보았지만 딱히 눈에 띄지 않았다.

그러던 어느 날 거리를 걷다가 우연히 한 남자가 자동차 부속품인 너트를 가지고 다니며 자동차 간이정비소에 가서 그것들을 팔고 다니는 것을 보았다. '나도 한번 시작해보자.' 그 일은 학력도 경력도 필요 없는 일이었다. 다음날 아침 그는 도매상에 가서 200불어치의 너트를 사서 가방에 넣고 가게를 찾아갔다. 그러나 첫 번째 가게 주인은 그가 물건을 채 꺼내 보이기도 전에 귀찮은 듯 고개를 저었다.

"우린 그거 필요 없어요."

다음 가게도 마찬가지였다.

"난 이미 샀어요."

점심조차 굶고 하루 종일 다녔으나 겨우 20불어치밖에 팔지 못했다. 그나마 마지막으로 들른 가게에서 그를 가엾게 여긴 한 노인이 동정심으로 물건을 팔아준 것이다.

'난 이런 일조차도 못 하는구나.'

가게를 나오니 쓸쓸하고 차디찬 어둠이 기다리고 있었다. 거리는 퇴근하는 사람들의 발걸음과 차량들로 넘쳐났다. 그제야 하루 종일 굶었다는 것을 알아차렸다.

겨울을 알리는 추위가 살을 파고들었다. 찬바람을 맞으며 그는 갈 곳 없는 사람처럼 길 한복판에 서서 오가는 사람들을 바라보았다. 일을 마치고 퇴근해서 분주히 집으로 돌아가는 직장인들이 하염없이 부럽기만 했다. 자신도 한때는 저 무리 속에 있었는데…. 그때는 얼마나 멋있는 정년퇴직을 상상하며 여유 있는 노후를 꿈꾸었던가. 자신이 계획하던 노후는 이런 모습이 아니었다. 그러나 그는 정년퇴직을 하기도 전에 영원한 퇴근자가 되어버린 것이다.

'다시 일을 할 수만 있다면….'

그는 자신이 세상 밖으로 버려진, 이제 결코 다시는 저 무리 속으로 들어갈 수 없는, 낡고 녹슬어 쓸모없는 자동차 부속품 같다는 생각이 들었다. 걷잡을 수 없는 무력감이 밀려들었다. 할 일 없는 인간이 되었다는 자괴감과 더 이상 쓸모없는 인간이라는 허무함은 그를 더 비참하게 만들었다.

'이렇게 구차하게 사느니 차라리 죽는 게 낫지….'

그날 저녁 그는 자살할 결심을 하고 난생 처음 부인을 따라 교회를 갔다. 부인이 평소 제발 한 번만이라도 함께 나가보자던 교회였으므로 마지막 소원이라도 들어주자는 심정이었다. 기도 시간이 되어 엎드리는 순간 자신의 지나온 삶이 영화필름처럼 스쳐 지나가면서 눈물이 쏟아졌다. 아내가 옆에 있었지만 창피한 줄도 모르고 울었다. 한참을 그렇게 울고 나니 마음속에서 무언가 설명할 수 없는 뜨거운 기운이 느껴지기 시작했다. 마치 방전된 코드를 콘센트에 꽂

자마자 전기가 통하듯이 내부로부터 뭔가 차오르기 시작했다. 교회를 나오는데 원망과 미움, 걱정, 두려움이 사라지고 마음이 날아갈 듯 가볍고 새 힘이 솟아나는 것이었다. 무슨 일이든 다시 시작할 수 있을 것 같은 자신감이 생겨났다.

'그래 다시 시작해보자!'

다음날 아침 그는 다시 거리로 나갔다.

"하이!"

가게로 들어서면서 밝게 웃으며 인사를 했다. 기운이 나자 자연 표정도 밝고 목소리도 밝아졌다. 목소리를 크게 내고보니 덩달아 더 힘이 나는 듯했다. 어제의 쭈뼛거리는 태도와 전혀 딴판이었다. 그가 가방을 열어보이자 가게 주인은 이미 샀으니 필요 없다고 손짓을 했다. 그러나 물러서지 않고 당당하고 자신감 있는 태도로 가방에서 물건을 꺼냈다.

안 사도 좋으니까 일단 구경이나 해보라고 했다. 시큰둥하던 가게 주인이 그의 자신감 넘치는 태도에 슬그머니 너트를 내려다보았다. 그가 서툰 영어지만 엄지손가락을 쳐들어 올리며 열심히 설명하며 자신 있게 말하자 주인은 이리저리 만지작거리더니 일단 30불어치만 구입해보겠다고 했다. 첫 번째 가게에서 성공을 하니 자신감이 생겼다. 그러자 다른 가게에 가서는 더욱 적극적으로 물건을 팔았다. 그렇게 가게 몇 군데를 돌아다니며 장사를 한 후 집에 돌아와 돈을 세어보니 어제보다 매출이 다섯 배 많은 100불어치를 팔았다. 물건 값을 제하고 나니 순이익이 25불이었다.

'왜 어제는 20불어치를 팔았고 오늘은 100불어치를 팔았을까?'

집에 와서 곰곰이 그 차이점을 생각해보았다. 그것은 적극적인 태도와 자신감 있는 표정이었다. 속은 쓰리고 어둡지만 밝은 표정으로 인사를 하고 적극적으로 물건을 설명하고, 필요 없다고 퉁명스럽게 거절해도 서툰 영어로나마 설득하고 설명하고 달라붙어 기분 나쁘지 않게 적극적으로 구매를 권유했던 것이다. 또 자신이 먼저 상품에 자신감이 있어야 고객도 신뢰와 관심을 갖는다는 사실도 깨달았다. 요령을 깨달아 더욱 적극적으로 자신감을 가지고 물건을 판매하자 일주일 후에는 매출이 300불로 늘었다.

'그래, 내 인생을 여기에 걸어보자!'

자신감을 얻게 된 P씨는 최선을 다해 장사에 매달렸고 노력한 만큼 매출도 늘었다. 단골도 생기고 장사 요령도 점점 더 발전했다. 주위에서 외상을 절대 주지 말라고 충고했지만 P씨는 신뢰가 가는 사람에게는 한도를 정해 외상을 주어 단골이 늘어나게 만들었다.

한 달 후에는 순수입이 3천 불까지 늘어났다. 자신감이 더욱 커졌다. 그때부터는 너트만을 팔지 않고 이윤이 더 많은 자동차 바퀴 휠도 취급하기 시작했다.

수입이 점점 늘게 되자 짐을 실을 수 있는 작은 중고 자동차를 사서 물건을 싣고 다니면서 팔았다. 이렇게 열심히 발로 뛰며 일한 결과, 일 년 후에는 가게를 마련하고 직원도 채용하였다. 직원들에

나는 긍정을
선택한다

게는 자기 경험을 토대로 철저히 세일즈맨 교육을 시켜 판매, 배달을 하게 하였다. 지점이 다섯 군데로 늘어났고 직원도 스무 명이나 되었다. 그러자 타이어도 팔기 시작했다.

그는 이 가게를 뉴욕, 필라델피아, 뉴저지까지 확장하였다. P씨는 이런 도매상을 미국 전역에 차릴 계획이다. 미국에서는 자동차 부품업계도 유대인들이 휘어잡고 큰 물류센터를 확보하고 있는데, P씨는 미국에 유대인 못지않은 물류센터를 갖겠다는 꿈을 갖고 있다. 그는 이 꿈을 가지고 열심히 비전을 향해 노력하고 있다.

우리 인생은 곳곳에 지뢰가 숨어 있는 전쟁터와 같다. 내가 아무리 노력하고 조심해도 예기치 않은 사고나 불행이 복병처럼 나타나기도 한다. 또 평화로운 초목지라고 여기던 곳이 지뢰밭일 수도 있다. 대부분의 사람들은 갑자기 어려운 일을 당하면 대개는 주저앉아 포기해버린다. 그리고 도저히 더 이상 일어나지 못할 거라는 절망감에 스스로 좌절하고 낙심하며 환경만을 원망한다. 그러나 환경만 원망하고 주저앉아 있으면 다시는 일어서지 못한다. 삶이란 인생에 어떤 일이 생기느냐가 아니라, 어떤 태도를 보이느냐에 따라 결과가 달라진다.

세계 2위의 부자이자 투자보험회사의 회장인 워렌 버핏은 이렇게 말했다.

"누구나 살다보면 실패를 합니다. 저도 실패를 많이 했습니다. 그건 당연한 것이죠. 하지만 저는 실패에 얽매이거나 좌절하지 않아요. 인생의 교훈이란 모든 부분에서 승리할 수 없다는 것을 깨닫는 것입니다. 그래서 저는 실수에 크게 집착하지 않습니다. 한 번의 실수로 모든 것을 포기하는 사람이 있어요. 그럴 필요는 없습니다. 다음날부터 새로운 마음가짐으로 다시 시작하면 되는 것입니다."

인생에서 실패해서 다시 일어서고자 한다면 완전히 새로 시작하는 마음을 가져야 한다. 자신의 과거, 학력, 지위 등을 생각하고 자존심과 고정관념에 매여 있다면 아무 일도 할 수 없다. 헛된 자존심을 버리고 과욕하지 않고 용기를 낼 때 비로소 일거리도 눈에 띄는 법이다. 작은 일이라고 우습게 여기지 말라.

일자리가 없다고 주저앉아 있으면 영원히 길은 열리지 않는다. 처음부터 과욕을 버리고 자신이 할 수 있는 작은 일부터 시작하라. 작은 일일지라도 열정을 가지고 최선을 다하라. 작은 일에서 성취감을 쌓으면 자신감이 생긴다. 이렇게 작은 일에서부터 자신감을 누적시키고 강화하면 무슨 일이든 하면 할 수 있다는 신념이 넘치며 실제 더 큰 일을 할 수 있는 능력이 생기고 점점 더 좋은 길이 열리게 마련이다.

그러므로 아무리 절망적인 상황이라고 해도 주저앉아 있지 말라. 주어진 환경에서 할 수 있는 일을 찾아 작은 일이라도 시작하라. 지금 당장!

나는 긍정을 선택한다

"나는 천천히 걷는 사람입니다.
그러나 뒤로는 가지 않습니다."
- 링컨

이후부터 나는 이스라엘에서 지나가다가
아무 대학이나 눈에 띄면 무조건 들어갔다.
그리고 각 대학의 총장들을 만나 종전과 같은 방법으로 그들을 설득해서
텔아비브대학, 예루살렘대학, 바일란대학, 하이파대학 그리고 단기 연수과정 등에
약 250여 명의 한국 학생들을 장학생으로 유학 보낼 수 있었다.
대부분의 사람들이 불가능하다고 하는 것들은
그 일 자체가 어려워서 불가능한 게 아니라
손도 대보지 않기 때문에 불가능하게 되는 것이다.
내가 어떻게든 뜻을 이룰 수 있다는 자신감을 가지고 포기하지 않고
총장을 만나겠다는 집념으로 밀고 들어갈 수 있었던 것은,
내가 평소 살아오면서 훈련하고 쌓아온 긍정의 힘의 결과였다.

불가능, 그것은 시도하지 않은 것

덴마크 나랏돈으로
유럽 시찰한 이야기

교보생명의 창업주인 대산 선생은 나를 주위 사람들에게 소개할
때마다 이렇게 말하곤 한다.

"류태영 박사를 소개합니다. 류 박사는 사람이 아니에요, 귀신이
에요."

남들이 불가능하다고 생각하는 것을 항상 가능하게 하는 사람이
라는 뜻이다.

"류 박사가 살아온 길은 모두가 절대 불가능한 것들뿐입니다. 그
런데 사람이면 아무도 해낼 수 없는 것들을 극복하고 성공시켰으니

한마디로 말해서 사람이 아니고 귀신이지요."

내가 우리나라 농촌 발전을 위해 덴마크 유학을 결심하고 하나님께 기도하며 서원한 후 13년이 되는 날 기도의 응답을 받아 덴마크 국왕에게 편지를 보내어 유학을 간 일, 이스라엘 대통령에게 편지를 보내어 이스라엘 유학을 가고 덴마크어와 히브리어를 6개월 만에 마스터한 일, 청와대에 들어가 박정희 대통령을 감동시켜 새마을운동 초대 담당자로 활동한 일 등 보통 사람이 할 수 없는 일들을 해냈으니 내가 귀신이라는 것이다.

그러나 대부분 사람들이 불가능하다고 하는 것들은 그 일 자체가 어려워서 불가능한 게 아니라 손도 대보지 않기 때문에 불가능하게 된 것이다. 남들이 불가능하다고 여기는 일들을 할 수 있었던 것은 내가 특별히 능력이 탁월해서가 아니다. 단지 할 수 있다는 자신감과, 어떤 상황에서도 포기하지 않고 끝까지 도전하고 밀고 나가는 힘에서 비롯된 것이다.

나는 중학교를 졸업한 후 고향에는 고등학교가 없어서 큰 도시로 나가 고학할 생각을 하고 서울로 올라와 미군부대 안에서 구두닦이를 시작하였다. 그때가 고등학교 입학시험과 등록이 끝나고 개학한 지 한 달 반이 지난 뒤였다. 나는 서울에 공부를 하러 왔기 때문에 학교를 가야겠다고 마음먹었다. 마침 같은 미군부대에서 구두닦이하는 학생이 야간고등학교를 다닌다고 해서 따라갔다. 노량진 산꼭대기에 있는 동양공업고등학교였다. 그 친구는 공부하러 교실에

나는 긍정을
선택한다

들어가고 나는 교장 선생님 방으로 찾아갔다. 할아버지 교장 선생님 이셨는데 면전에서 무릎을 꿇고 울면서 청원을 했다.

"내가 서울에 온 것은 미군부대에서 구두를 닦기 위해서가 아니라 공부를 하기 위해서입니다. 독학하다가 중학교를 졸업하고 고등학교가 없어서 서울에 왔습니다. 미군부대에서 구두닦이를 하니까 천막에서 잠은 자는데, 입학금도 없고 등록금도 없고 입학 시기도 다 지나가버렸습니다. 하지만 입학만 시켜주시면 진도도 잘 따라가겠습니다. 농촌 사회를 잘 살게 하기 위한 꿈을 가지고 있습니다. 비록 돈은 없지만 월사금은 잘 내겠습니다."

결국 교장 선생님께서 특별히 허락을 해서 학교에 다닐 수 있게 되었다. 입학시험도 끝나고 개학한 지가 한 달 반이 넘어 사실 그것은 불가능한 일이었다. 그럼에도 학교를 찾아간 것은 오로지 학교를 다녀야겠다는 목표 때문이었다.

만약 그 학교에서 입학 허가가 안 됐다면 나는 포기하지 않고 또다른 학교를 찾아갔을 것이다. 나는 항상 모든 일을 시도할 때마다 이 일이 가능한 일인가, 불가능한 일인가 따지지 않는다. 단 이 일에 내 뜻이 있느냐 없느냐로 결정짓는다. 그리고 하겠다고 마음먹으면 불가능을 생각하지 않고 정면 도전해서 추진한다. 이루고자 하는 뜻이 확고하다면 이루지 못하는 경우는 거의 없다.

덴마크에서 공부한 지 반 년 정도 지났을 때였다. 나는 덴마크의 정치·경제·사회제도가 과연 우리나라에도 유효할 것인가 하는 회의가 들기 시작했다. 그러자 다른 유럽 나라들을 돌아다니며 문화 시찰을 해보고 싶은 마음이 들었다. 이왕이면 덴마크에서만 공부하고 가는 것보다 잘사는 나라를 다 둘러보고 그들의 사는 모습과 잘사는 비결 등을 비교하며 연구하고 싶었다. 당장이라도 유럽을 돌아다니며 배우고 싶었지만 그럴 만한 경제적 여유가 없었다. 그러나 마음은 점점 더 유럽으로 향하고 있었다.

나는 며칠 동안 어떻게 이 문제를 해결할 수 있을까 연구하며 하나님께 기도했다. 그리고 결론을 내렸다. 하나님이 함께하시면 안 되는 일이 어디 있을까? 나는 자신감을 가지고 당당하게 부딪쳐보기로 결심하고 곧바로 외무성 국장을 찾아갔다. 그가 나를 반가이 맞았다. 서로 안부를 묻고 그동안 있었던 일을 주고받다가 나는 곧바로 본론으로 들어갔다.

"당신의 나라에서 저를 초청해줘서 감사합니다. 그런데 적지 않은 국비를 들여가면서까지 저를 가르치는 이유가 무엇입니까?"

"당신 개인보다는 당신 조국인 한국을 생각하기 때문입니다. 우리는 개발도상국가에 학교나 병원을 세워 운영하기도 하고, 젊은이들을 초청해 지도자 과정을 교육시켜 그 나라에 도움이 되도록 하기도 합니다. 당신도 그런 차원에서 국왕의 특별한 지시로 초청된 것입니다."

"그러면 제가 덴마크 한 곳에서만 머무르며 공부하는 것이 좋겠습니까? 아니면 여러 나라를 방문하여 비교 연구를 하는 것이 좋겠

나는 긍정을
선택한다

습니까?"

"물론 유럽 여러 나라와 비교 연구를 하는 것이 백 번 낫지요."

내가 기대하고 예상했던 대답이었다.

"그럼, 투자하는 김에 조금만 더 투자해서 제가 유럽 각국의 문화와 사회를 시찰하고 연구할 수 있도록 예산을 지원해 주십시오."

나의 당돌한 제안에 차관의 안색은 단번에 변했고, 그는 예산이 없다는 핑계로 거절했다. 그러나 나는 하나님께 기도를 드렸기 때문에 자신감과 소신을 가지고 부드러운 음성으로 나의 의지를 강하게 피력했다.

"예산이 없어도 예비비 같은 게 있잖습니까?"

"나에게는 그런 결정권이 없습니다."

"그럼 결정권이 있는 장관을 만나게 해주십시오."

"장관에게는 내가 보고하겠으니 오늘은 일단 그냥 돌아가십시오."

국장의 얼굴에는 이미 불쾌한 표정이 역력했다. 그러나 나는 물러서지 않았다.

"아니오. 전 이 자리에서 답변을 듣고 싶습니다. 제가 돌아간 후에 국장님이 장관님께 어떻게 보고할지, 아니 혹 보고도 하지 않고 무시해버릴지 어떻게 압니까? 그러니 저는 지금 직접 장관을 만나 확답을 듣고 가겠습니다."

국장은 나의 집요함에 당황하기 시작했다. 그러더니 잠시 자리에서 일어나 왔다 갔다 하면서 나의 절박한 표정과 간절함을 보고 결심한 듯 입을 열었다.

"내 당신의 뜻을 충분히 알았으니 걱정 말고 일주일 후에 다시 방문하십시오."

며칠 후 내가 다시 찾아가니 이미 결재가 되어 있었다. 미화 3만 불 정도의 특별예산으로 독일, 이태리, 프랑스, 오스트리아, 스위스 등을 시찰할 수 있도록 외무성에서 직접 스케줄을 짜주었다. 각 나라에 공문도 보내주었다. 그리고 가는 곳마다 덴마크 대사관의 영사가 직접 마중 나와 최고급 호텔에 묵게 해주며, 그 나라 정부의 농촌담당 전문가가 나와 브리핑을 해주고 안내하고 설명해주었다. 곁들여서 박물관을 견학하는 등 국빈대우를 받으며 문화시찰을 할 수 있었다.

일을 이루느냐 못 이루느냐는 얼마나 집념을 가지고 시도하며 포기하지 않고 도전했느냐에 달려 있다. 나는 어떤 일이든 해야 한다고 판단하면 일단 기도를 한다. 그러면 그때그때 지혜가 떠오르고 그 즉시 행동으로 옮긴다. 무슨 문제든지 이런 자신감으로 당당하게 일을 추진했다. 하나님을 믿는 힘에서 나온 자신감이었다. 하나님의 은혜가 따르면 불가능한 상황이 가능하게 바뀌고, 기대할 수 없는 일들이 일어나고 절망적인 상황도 순식간에 바뀐다는 것을 믿고 확신했기에, 상황이나 환경과 상관없이 나는 늘 당당하고 자신감 있게 행동할 수 있었던 것이다.

나는 긍정을
선택한다

무슨 일을 생각하고 하겠다는 마음을 먹으면 그것이 힘이 되고, 그 힘이 상대방에게 전달되어 긍정적인 결과가 이루어지는 것을 나는 수없이 경험했다. 마음 밑바닥으로부터 끓어오르는 충만한 자신감으로 상대방에게 당당하게 설득하면 뜻한 바가 이루어지게 되어 있다.

250명을 유학 보낸 힘

내가 이스라엘에서 국비장학생으로 대학원에서 공부하고 있을 때였다. 당시 나는 우리나라 청년들도 이스라엘에 유학을 와서 선진 기술을 배울 수 있었으면 하는 바람을 가지고 있었다. 그러던 어느 날 우연히 바이즈만 연구소(핵물리학으로 유명한 연구소) 앞을 지나다 갑자기 엉뚱한 생각이 들었다. 총장을 만나 우리나라 학생을 데려가 장학생으로 넣어야겠다는 생각이 든 것이다. 나는 그 생각이 드는 즉시 그 대학으로 들어가 총장을 만나 부탁해보기로 했다.

그러나 정작 학교에 들어서기도 전에 수위가 먼저 발도 들여놓지 못하게 막았다. 총장을 만나려면 한 달 전부터 예약해야 겨우 만날 수 있다는 것이었다. 내가 들여 보내달라고 서너 번 사정해도 절대 안 된다고 했다. 나는 포기한 듯 화제를 돌려 수위와 일상적인 대화를 하기 시작했다.

"나는 한국에서 왔다" "결혼해서 아이 둘을 낳았는데 당신은 아이가 몇이냐?", "어디 사느냐?", "나는 이스라엘 대통령이 초청해서 공부하고 있다" 등등의 일상적인 이야기를 늘어놓았다. 그렇게 이야기를 주고 받다가 다시 들어가게 해달라고 사정했다. 그는 이전보다 훨씬 태도가 부드러워지긴 했지만 그래도 규정상 안 된다고 했다. 이렇게 하기를 몇 차례 반복했고 수위는 번번이 안 된다고 했다.

나는 방법을 바꾸어 총장 비서라도 만나고 싶으니 통화라도 하게 해달라고 했다. 그렇게 해서 일단 학교 안으로는 들어갈 수 있게 되었다. 비서실장에게 총장을 꼭 만나야겠다고 하자 그는 빽빽이 적힌 스케줄을 보여주며 절대 불가능하다고 했다. 총장이 지금 어디 있느냐고 물으니 15미터 복도 끝에서 전체 교수회의를 하고 있다고 했다. 아닌 게 아니라 총장은 2-3분 간격으로 스케줄이 계속 이어져 있어 내가 비집고 들어갈 틈이 없었다. 나는 꾀를 내었다.

"그렇다면 교수회의가 끝나 총장실에 갈 동안만 만나겠습니다."

드디어 회의가 끝나 총장이 걸어 나오고 있었다. 나는 얼른 총장에게 다가가 나를 소개하고 총장실로 들어가는 1-2분 동안 내가 온 목적을 짧게 설명했다. 총장이 나를 데리고 방으로 들어가더니 벨을 눌러 비서에게 다음 만날 사람을 취소하라고 했다. 나는 자신 있게 말을 시작했다.

"이 학교가 세계적인 대학인 것으로 압니다. 그런데 이렇게 좋은 학교에 한국의 대사가 없다니 유감입니다."

나는 긍정을
선택한다

"대사라니요?"

"한국 학생이 없다는 뜻입니다. 각 나라마다 대사가 있기 마련인데 두 나라 간에 대사가 있으면 대외 협력관계가 이뤄지는 것처럼, 이 학교도 한국의 유능한 졸업생을 데려다가 교육시켜 한국에 보내면 이 학교가 알려지지 않겠습니까?"

총장이 내 말을 듣더니 당장 자기 학교에도 한국 학생을 보내달라고 부탁했다.

"우리 한국은 아직 저개발국이라 현실적으로 유학이 힘듭니다. 그러니 유학 비용은 여기서 모두 부담해주셔야 합니다."

총장이 나의 제안에 동의했다. 나는 내친 김에 그 자리에서 정식 초청장을 만들어 달라고 했다. 그리하여 그 자리에서 "당신의 학교에서 추천한 사람에게 우리 학교에서 등록금, 생활비, 용돈 등 유학 비용 일체를 부담하고 거주할 수 있는 집까지 제공한다"는 내용의 초청장이 만들어졌다.

이렇게 해서 한국의 건국대학교 총장 앞으로 초청장이 발송되었고, 건국대학교에서는 공개적으로 선발 절차를 통하여 최종적으로 축산대학 졸업생을 뽑아 바이즈만 연구소에 입학시키게 되었다. 바로 이때 선발되어 온 학생이 현재 한동대학교 김종배 교수다.

이후부터 나는 이스라엘에서 지나가다가 아무 대학이나 눈에 띄면 무조건 들어갔다. 그리고 각 대학의 총장들을 만나 종전과 같은 방법으로 그들을 설득해서 텔아비브대학, 예루살렘대학, 바일란대학, 하이파대학 그리고 단기 연수과정 등에 약 250여 명의 한국 학생들을 장학생으로 유학 보낼 수 있었다.

대부분의 사람들이 불가능하다고 하는 것들은 그 일 자체가 어려워서 불가능한 게 아니라 손도 대보지 않기 때문에 불가능하게 되는 것이다. 내가 어떻게든 뜻을 이룰 수 있다는 자신감을 가지고 포기하지 않고 총장을 만나겠다는 집념으로 밀고 들어갈 수 있었던 것은, 내가 평소 살아오면서 훈련하고 쌓아온 긍정의 힘의 결과였다.

어떤 일이든 처음부터 단번에 쉽게 열리는 문은 거의 없다. 그렇다고 절대 열리지 않는 문도 없다. 할 수 있다는, 기어이 해내고야 만다는 자신감과 집념만 있다면 어떤 완강한 문도 열리게 되어 있다. 마음먹은 일을 일단 시작했으면 중간에 포기하지 말고 끝까지 집념을 가지고 최후의 성공을 볼 때까지 밀고 나가라. 집념의 열쇠로 불가능의 문, 성공의 문을 열라! 집념이란 열쇠 앞에 열리지 않는 문은 없다.

나는 긍정을 선택한다

"내 행동을 지배하고 결정하는 것은 바로 나입니다.
오직 나만이 내 태도를 바꿀 수 있습니다."
- A.J. 셰블리어

2부

퇴직과 정년을 맞은
사람들에게

정년퇴직한 50대 중반의 퇴직자나 실직자들은
남은 삶에 대해 지레 포기하는 경우가 많다.
'젊어서도 별 볼일 없었는데 내가 이제 새삼 무슨 꿈을 가질 수 있을까?'
'그냥 이대로 먹고 살기만 해도 다행이지.'
평균수명이 80세로 연장된 현실에서 55세에 인생을 포기하면
나머지 30년은 코를 박고 살 것인가,
아니면 하루 놀고 하루 쉬고 하루 불평하고 살 것인가.
내게 남은 인생이 불과 5년뿐이라 할지라도
6개월 계획하여 4년 6개월을 살아야 할진대
하물며 30년이란 세월을 그렇게 보낼 수는 없을 것이다.

눈에 썬 껍질을 떼라

경륜과 판단력 뛰어난 사회초년생

내 초등학교 동기동창인 친구 S는 모 대학에서 고위 행정직으로 근무하다 63세에 정년퇴임을 했다. 비록 정년퇴직을 했지만 나머지 인생을 집에서 보내고 싶지 않았던 그는 제법 큰 회사 경비원 모집 광고를 보고 지원하기로 했다. 응시자는 20대에서 50대까지 다양했다. 경비원을 채용하기 위해 면접을 하던 그가 이번에는 경비원으로 취직하기 위해 면접을 하러 간 것이다.

"경비원은 회사를 지키는 중요한 역할이므로 제 판단력과 경험으로 제가 가장 적임자라고 생각합니다. 저를 채용하면 회사에 큰 이익이 될 것입니다."

그는 지원자 중 나이가 가장 많았음에도 면접 때 자신 있는 목소리로 자기소개를 했다. 경비일을 시작한 S는 출근 첫날부터 의욕적으로 일을 하기 시작했다. 직원들이 드나들면 고위직은 물론 자신보다 나이 어린 직원에게도 빠릿빠릿하게 인사를 했다. 방문객에게도 친절하게 대하며 진심으로 직책에 최선을 다해, 회사 내에서 부지런하고 의욕적으로 일하는 사람으로 알려졌다. 결국 그는 입사한 지 일 년 만에 수위장이 되고 경비실의 최고자문위원장의 직책까지 맡게 되었다.

S는 정년퇴직 후 자신의 과거 직분에 연연하지 않았다. 대우받을 생각이나 편한 직장을 고집하지도 않았다. 그는 퇴직 후 자신이 사회초년생이라는 마음가짐으로 일을 시작했다. 그리고 누구보다 의욕적이고 활기차게 일했다. 이렇게 일하면 다른 사람들의 눈에 띄게 마련이다.

내가 이스라엘에 유학 가서 석 · 박사를 4년 반 만에 수석으로 마치고 벤구리온 대학교에서 강의를 하는 등 비록 늦게 시작한 공부였지만 젊은 사람들을 제치고 빠른 기간 안에 학위를 받을 수 있었던 것은, 새로 시작해보겠다는 의지와 각오, 그리고 젊은 사람이 가질 수 없는 판단력과 분석력, 경험이 뒷받침되어주었기 때문이라고 생각한다.

일도 마찬가지다. 정년을 맞을 때면 최소한 대학을 갓 졸업한 사람보다는 업무 면에서 몇 배나 낫지 않겠는가. 나이 50-60 된 사람들은 대학을 갓 졸업한 20대와 비교할 수 없을 정도로 판단력, 분석력, 경험들이 앞서 있다. 이런 경험을 무기와 자산으로 삼아 인생을 새로 시작하는 기분으로 도전해보자. 욕심, 편한 것, 대우받고자 하는 생각이라는 껍질을 떼면 일자리도 보이고 일 시킬 사람의 눈에도 띈다. 어제까지의 사회적 지위와 대접을 과감하게 잊어버리고 사회 초년생이라는 마음가짐으로 일을 시작하면 젊은이들보다 더 많은 일을 할 수 있을 것이며, 능력도 인정받아 더 좋은 길이 열리고 목적을 이룰 수 있을 것이다.

구하라! 찾으라! 두드리라!

몇 년 전 설악산에서 등산을 하다 50대 중반의 노숙자를 만났다. 그는 직장에서 해고당한 후 세상 살고 싶은 생각도 없고 가족들 볼 면목도 없어 집을 나와 그렇게 이 산 저 산 다닌 지가 벌써 5년째였다. 사내는 막상 집을 나오니 이제 집에 들어가고 싶은 생각이 전혀 없다고 했다. 가족들은 자신이 노숙자인지 모른 채 단지 행방불명된 것으로만 알고 있다고 한다.

일단 어디 공장에 들어가서라도 일을 시작해보라고 권유하자 그는 고개를 저었다. 이제 일하고 싶은 생각마저 사라져버렸다는 것이다.

"그냥 이대로 바람 부는 대로 발길 닿는 대로 살다 가는 거죠 뭐…."

시커멓게 찌든 사내의 얼굴 어디에서도 희망의 이파리는 찾아볼 수 없었다. 그는 이미 죽은 나무였다. 생기의 뿌리가 이미 말라버린 것이다. 사람이 이렇게 되면 폐인이 된다. 인격이나 인생이 완전히 무너져버린다. 철학도 없고, 비전도 없어진다. 폐인 상태로 2-3년을 지내게 되면 정상생활로 복귀하기가 힘들어진다. 이렇게 무너져버리면 정말 인생이 비참해진다.

한 번의 시련으로 무너지는 사람이 많이 있다. 무너지는 것과 나락에서 일어서는 것은 백지장 차이다. 직장을 그만두거나 해고되거나 사업이 망했을 때 다시 일어나느냐 못 일어나느냐의 차이는 백지장 한 장 차이다.

고향친구 C는 정치적 지각변동으로 인해 고급 공무원에서 하루 아침에 실업자 신세가 되어버렸다. 어린 시절 C의 집안 역시 우리 집처럼 고구마로 하루 세 끼를 대신할 정도로 가난했다. 우리 어머니와 그의 어머니가 의형제를 맺을 정도로 가까운 사이여서 그와 나는 어린 시절부터 서로의 집을 오가며 친하게 지냈다. 그는 어려운 환경을 이기고 고학으로 대학까지 졸업한 후 국가공무원 시험에 합격했다. C는 열정을 다하여 맡은 일을 하며 중앙정보기관실장까지 승승장구 승진을 하였으나 정권이 바뀌자 하루아침에 직장을 그만두는 신세가 되어버렸다.

C가 실권을 쥐고 요직에 있을 때 그를 찾던 친구들과 사람들은 그와 전화조차 주고받지 않았다. 그때 유일하게 찾아와 위로해준 사람이 한때 C의 운전기사였던 박씨였다.

"실장님, 얼마나 억울하십니까? 혁혁한 공로에도 불구하고 이유 없이 물러나게 되셨으니 말입니다."

운전기사 박씨는 온 종일 울분에 차서 지내는 C를 찾아와 위로를 하고 말벗을 해주었다. 그리고 마침 좋은 사업체가 하나 있으니 그것을 인수해서 운영해보라고 권하기 시작했다. C는 모아놓은 돈을 다 털어 박씨가 소개한 회사를 인수받아 사장자리에 올랐다. 사장실도 근사하게 새로 꾸몄다. 집에만 있다가 당장 출근할 데가 생겼다는 것이 무엇보다 기뻤다. 그러나 사장자리에 앉은 지 한 달도 채 지나지 않아 회사가 이미 가라앉은 배라는 것을 알게 되었다. 결국 C는 투자한 돈을 한 푼도 건지지 못한 채 회사 문을 닫고야 말았다. 실직한 것도 억울해 죽겠는데 그나마 있던 재산까지 모두 날려버렸으니 더 이상 살 의욕도 희망도 없었다.

'이제 난 일어설 수 없어. 내 인생은 여기서 끝났어.'

C는 인생을 정리하기로 마음을 먹고 마지막으로 부인과 딸이 권유하는 교회에 갔다. 생전 한 번도 가본 적이 없는 교회였다. 마침 설교 말씀이 구약성경에 나오는 욥의 이야기였다. 욥이 하루아침에 망하여 철저하게 비참한 지경에 이르렀다가 재기하는 내용이었다. 말씀 하나하나가 모두 마치 자신을 위한 설교로 들렸다. 그리고 힘

들게 공부하고 노력했던 자신의 과거가 떠올랐다. 그 가난했던 시절을 생각하면 못 할 것이 없었다.

'나는 반드시 욥처럼 다시 일어설 거야.'

'이대로 내 인생을 마감할 수는 없어.'

이후 C는 다시 조그만 회사를 만들고 실패를 경험 삼아 밑바닥부터 시작했다. 정식 직원조차 채용하기 부담스러워 공업고등학교를 우수한 성적으로 졸업했으나 가난으로 대학진학을 못 한 학생을 채용했다. 그리고 자신도 새벽부터 밤까지 몸으로 뛰며 열심히 일했다. 새벽마다 공장에 가면서 스스로에게 다짐했다.

'내게 꼭 좋은 일이 일어날 거야.'

'반드시 다시 일어나 사회를 위해 가치 있는 일을 할 거야.'

다시는 회복할 수 없을 거라는 생각 대신 긍정적인 말로 자신의 마음을 길들이자 환경도 점점 좋아졌다. 그의 믿음대로 C는 전자산업에 투신하여 마침내 벤처기업의 대부가 되었다. 현재 C는 모대학에 300억 원을 기부하며 사회를 위해서도 공헌하는 사업가로 살아가고 있다.

정년퇴직한 50대 중반의 퇴직자나 실직자들은 남은 삶에 대해 지레 포기하는 경우가 많다.

'젊어서도 별 볼일 없었는데 내가 이제 새삼 무슨 꿈을 가질 수 있을까?'

'그냥 이대로 먹고 살기만 해도 다행이지.'

나는 긍정을
선택한다

평균수명이 80세로 연장된 현실에서 55세에 인생을 포기하면 나머지 30년은 코를 박고 살 것인가, 아니면 하루 놀고 하루 쉬고 하루 불평하고 살 것인가. 내게 남은 인생이 불과 5년뿐이라 할지라도 6개월 계획하여 4년 6개월을 살아야 할진대 하물며 30년이란 세월을 그렇게 보낼 수는 없을 것이다.

실직했다면 첫째는 자기 자신을 되돌아보고 반성하는 시간을 가져라. 그러나 자신에게 부족한 점이나 실직당할 만한 요인이 있었다 할지라도 그 일로 자신을 너무 비하하거나 부정적인 생각에 사로잡혀 있어서는 안 된다. 부족한 것이 있으면 조금 더 노력하면 된다. 실수한 것이 있으면 반성하고 더 나은 계획을 세운 뒤 다시 자신을 격려해야 한다.

반성은 주저앉기 위해서가 아니라 전진하기 위해서하는 것이다. 후회되는 일이 있더라도 평생 되새기며 살 필요는 없다. 과거는 과거일 뿐이다. 대신 그 일을 경험삼아 원인을 철저히 분석하고 '다시 복직하거나 일하게 되면 다시는 이런 일을 당하지 않을 것이다' 라는 결심과 각오로 도전의 기회를 삼으라. 오늘은 어제의 미래였지만 내일의 과거가 된다.

그러나 아무리 결심과 각오를 비장하게 한들 쉽게 복직이 되거나 좋은 직장이 기다리고 있지 않을 수도 있다. 그때는 비록 말단직이라 할지라도 들어가서 다시 일어서는 모습을 상상하라. 미래는 스스로 만들어내는 것이다. 현재의 상황이 어떠하든지 다시 일어나는 모습을 상상하라. 현재에 실망하지 말고 마지막 순간까지 희망을 가져라.

인생이 닫혀 있는가? 두드리라! 미래가 열릴 것이다. 아무리 두드려도 열리지 않으면 다른 문이 열려 있다는 걸 기억하라. 장애물을 두려워 말라. 구하고 찾고 두드리라! 구하고 찾고 두드리면 반드시 얻고 찾아내고 열리게 될 것이다. 막혔던 재정이 풀리고, 인간관계가 해결되고, 가정이 살아나고, 사업의 문이 열릴 것이다. 이것은 단순한 긍정적 사고나 심리학에서 말하는 자기 최면이나 암시가 아니다. 우리는 그렇게 지어진 존재들이다. 포기하지만 않는다면 반드시 이루어진다.

세상이 나를 알아주지 않는다고 불평하지 말라

택시회사 상무로 근무하던 H는 회사의 부도로 40대 중반에 실직했다. 하루아침에 실직자가 된 그는 일자리를 알아보러 다녔으나 들어갈 곳이 없었다. 운수회사는 다른 회사와 달리 취업이 더 어려웠다. 가족들을 생각하면 체면을 따져 이것저것 고를 처지가 못 되었다.

H는 소매를 걷어붙이고 지하철 공사장에서 막노동자로 일을 시작했다. 처음엔 견디기 힘들 정도로 어려웠다. 과거 직책을 잊고 한

나는 긍정을
선택한다

날 일용직 인부가 되어 일을 한다는 것이 결코 쉬운 일은 아니었다. 그러나 그는 이를 악물고 열심히 일했다. H는 같은 땅을 파도 다른 인부들과 달리 효율적으로 일할 수 있는 아이디어를 내며 일했다. 이런 행동이 주위 사람들과 작업반장 눈에 띄어 반장을 맡게 되었고, 그의 회사와 같은 지하철 공사를 맡았던 다른 회사에 스카우트 되었다. 그리고 2년 만에 그 회사의 상무가 되었다.

이렇듯 어떤 일이든지 이왕 할 바에는 최선을 다해 임하라. 일이 힘들면 전무나 사장이 된 모습을 상상하면서 꿈을 가지고 일하라. 청소부라도 전무나 사장이 되는 모습을 상상하며 미래에 대한 꿈을 가지고 청소하는 사람과, '내가 이 일까지 해야 하나' 하는 마음으로 청소하는 사람과는 천지차이다. 앞가림만 하는 것으로 만족하지 말고 높은 비전을 가지고 일하라.

일자리가 없다고, 세상이 나를 알아주지 않는다고 불평하지 말라. 높은 이상을 가지고 작은 일이라도 최선을 다해 일하면 같은 경비, 말단사원이라도 뭔가 일하는 태도가 다른 법이다. 그렇게 일하면 절로 기회가 오고 길이 열린다. 주어진 환경에서 최선을 다하는 사람에게 성공의 문은 열리게 되어 있다. 성실한 사람에게는 인생의 정년기가 없다고 생각하라.

나이의 벽 허물기-91세에 운전면허를 따다

도전하는 삶을 사는 사람에게는 나이가 벽이 되지 않는다. 자신을 가로막는 것은 나이나 학벌, 가문이나 재력이 아니라 바로 자기 자신이다. 미래를 향해 끊임없이 꿈을 꾸고 도전하고 계획을 세워 추진하는 사람에게 불가능은 없다. 포르투갈의 유명한 영화감독 마놀 드 올리베이라(Manoel de Oliveira)는 '마법의 거울' 이라는 영화를 제작한 후 가진 인터뷰에서 100세까지 영화 세 편을 더 제작하겠다고 했다. 각본도 자신이 직접 쓰겠다고 포부를 밝히던 그의 나이는 96세였다.

한국 선교역사 제1호 선교사이자 예장 통합 총회장을 지낸 한국 교회 원로목사 중 원로목사인 방지일 목사님. 그는 올해 97세로 백수를 바라보는 나이임에도 젊은 목사 못지않게 왕성한 활동을 하고 있다. 전 세계 선교지를 날아다니며 후배 목사들에게 성경을 가르치고 캄보디아, 베트남, 말레이시아, 캐나다, 미국, 태국 등 수많은 나라에서 복음을 전하고 있다. 그는 자신이 평생 체득한, 신학교에서 배울 수 없는 사역의 원리와 지혜 등을 전수하며 최후의 땀과 눈물을 자신을 필요로 하는 곳에 쏟아 붓고 싶어 한다.

'70대인 나는 아직 애기' 라는 생각을 하게 하는 분이 있다. 강석규 총장이 그다. 그는 65세에 대학 교수직에서 정년퇴임한 후 대학교를 설립하겠다는 꿈을 가졌다. 그것도 2억 원을 가지고 말이다.

나는 긍정을
선택한다

남들이 다 말도 안 되는 계획이라고 비웃었지만 그는 보란 듯이 호서대학교를 설립하였다. 사람들이 일을 접고 은퇴하는 나이에 그는 대학교를 설립하여 18년간 총장을 하다가 아들에게 총장직을 물려주었다. 그 뒤에도 은퇴하지 않은 그는 92세에 다시 대학원대학교를 설립하겠다고 했다. 그리곤 벤처대학원대학교를 설립하여 총장이 되었다.

강석규 총장은 일에 미쳐 전력투구하는 것이 젊게 사는 비결이요, 행복하게 사는 비결이라고 말한다. 자신의 경험을 자산으로 삼아 새로운 인생의 문을 끊임없이 두드리는 강석규 총장을 보면서 나이가 벽이 될 수 없다는 것을 다시 한번 깨닫게 된다.

91세에 운전면허를 딴 사람 역시 자신의 나이를 뛰어넘은 사람이다. 평생 운전기사를 두고 살았던 그는, 나이 들어 특별히 기사가 필요 없게 되었다. 점점 늙어가며 친구들도 죽고 아는 사람도 줄어들자 외출할 일이 거의 없어졌기 때문이다. 자식들도 친척들도 잠시 왔다 인사하고 가면 그만이었다. 하루 종일 집에서 지내야만 하는 노부부는 외롭고 심심하고 무료했다.

'운전할 줄 알면 근처에 드라이브라도 다닐 텐데…'

노인은 운전면허를 따야겠다는 결심을 하고 즉시 이를 실천에 옮겼다. 주변 사람들과 자식들이 말렸지만 90세에 운전학원에 등록을 했다. 운전학원에서 공부하고 시험을 보았으나 번번이 떨어졌다. 그러나 포기하지 않고 끝까지 계속 응시하여 마침내 여덟 번째 응시

한 시험에서 합격하여 91세에 운전면허증을 땄다. 이후 부부는 가고 싶은 곳을 찾아 여행을 다니면서 행복한 여생을 보내고 있다. 만일 그가 '이 나이에 내가 어떻게 운전면허를 따겠어' 하며 운전 배우기를 포기했다면 노부부는 죽을 때까지 집안에 갇혀 지루하고 외로운 나날들을 보냈을 것이다.

"내게는 이제 좋은 시절 다 끝났어."

"아이고, 그런 이야기는 이제 나랑은 상관없는 이야기야."

"내가 가지고 있는 능력, 모든 것을 다 써먹어서 세상은 이제 더 이상 나를 필요로 하지 않아."

이런 사람은 현재의 벽을 뛰어넘지 못한다. 가만히 앉아서 보잘것없는 현재에 만족하지 말라. 나머지 인생을 갇혀 살기에는 너무 아깝잖은가. 당신은 얼마든지 더 많은 일을 하고 더 많은 것을 얻을 수 있다. 노년의 시대는 쓸모없고 낡은 삶의 시대가 아니다. 육체가 약해진다 하여서 마음까지 약해지고 지혜마저 감소되는 것은 결코 아니다. 도리어 젊을 때는 꿈 수 없었던, 노년에만 꿈 수 있는 꿈을 찾아 나서자. 젊을 때는 보이지 않던 것들도 나이가 들면 보이는 것들이 더 많이 있음을 기억하면서 새롭게 도전해보자.

최근 인터넷에서 화제가 되었던 95세 노인의 수기를 소개한다.

나는 젊었을 때

정말 열심히 일했습니다.

나는 긍정을
선택한다

그 결과

실력을 인정받았고 존경을 받았습니다.

그 덕에 65세 때 당당한 은퇴를 할 수 있었죠.

그런 내가 30년 후인 아흔 다섯 살 생일 때

얼마나 후회의 눈물을 흘렸는지 모릅니다.

내 65년의 생애는

자랑스럽고 떳떳했지만

이후 30년의 삶은

부끄럽고 후회되고 비통한 삶이었습니다.

나는 퇴직 후

'이제 다 살았다. 남은 인생은 그냥 덤이다.'

라는 생각으로

그저 고통 없이 죽기만을 기다렸습니다.

덧없고 희망이 없는 삶...

그런 삶을 무려 30년이나 살았습니다.

30년의 시간은

지금 내 나이 95세로 보면

3분의 1에 해당하는 기나긴 시간입니다.

만일 내가 퇴직을 할 때

앞으로 30년을 더 살 수 있다고 생각했다면
난 정말 그렇게 살지는 않았을 것입니다.

그때 나 스스로가 늙었다고,
뭔가를 시작하기엔 늦었다고
생각했던 것이 큰 잘못이었습니다.

나는 지금 아흔 다섯 살이지만 정신이 또렷합니다.
앞으로 10년, 20년을 더 살지 모릅니다.
이제 나는 하고 싶었던 어학공부를 시작하려 합니다.
그 이유는 단 한 가지...
10년 후 맞이하게 될 백 다섯 번째 생일 날!
왜 아흔 다섯 살 때 아무것도 시작하지 않았는지
후회하지 않기 위해서입니다.

　　로버트 브라우닝(Robert Browning)의 시에서 랍비 벤 에즈라(Rabbi Ben Ezra)는 이렇게 노래했다.

　　"나와 함께 나이 들어가자! 가장 좋을 때는 아직 오지 않았다. 인생의 후반, 그것을 위해 인생의 초반이 존재하나니…."

　　그렇다. 당신의 인생 최고의 순간, 최고의 정상은 아직 오지 않았다. 새롭게 도전하고 준비하라. 자, 이제부터라도 어깨를 당당히

펴고 현재의 상황을 벗어날 결단을 하라. 그리고 가보지 않은, 가보고 싶었던 인생의 새 길을 향해 운전하라. 그리고 더 높은 인생의 정상을 향해 도전해보라. 이제껏 보지 못했던 새로운 지평선, 새로운 세계가 놀랍게도 당신 앞에 펼쳐질 것이다. 그리고 당신을 환영하고 맞이할 것이다.

안 좋은 일, 불행한 일은 될수록 빨리 잊어버려라!
처음에는 쉽지 않지만 이것도 훈련하면 된다.
평소 마음을 훈련하는 법을 길러야 한다.
작은 일부터 그냥 지나치는 훈련을 하라.
가령 아침에 누군가로부터 기분 나쁜 말을 들었다고 하면
그 말을 하루 종일 곱씹으며 괘씸해 하지 말고
다른 좋은 생각을 함으로써 잊어버리도록 노력하라.
또 출근길에 자동차 접촉사고가 났더라도 상대방을 원망하지 말고
빨리 기분전환을 하도록 노력하라.
좋은 음악을 듣는다든가 기분 좋은 사람과 이야기를 하며
분위기를 바꾸도록 노력해보라.
시간이 지나면 그 일이 그다지 크게 느껴지지 않을 것이다.
이런 식으로 작은 일부터 마음을 훈련하는 노력을 하라.

우울한 신세 한탄하지 않기

남들 얘기, 그러려니 이해하자

직장을 그만두거나 해직을 당하고 나면 어쩔 수 없이 한동안 주위 사람들로부터 위로와 관심어린 충고 등을 듣게 마련이다.

"자네같이 성실한 사람이 어쩌다 그렇게 됐어?"

"더 좋은 자리가 곧 생기겠지."

"회사에서 곧 다시 불러줄 거야."

이렇게 위로를 하기도 하지만 또 누군가는 '내 그럴 줄 알았지' 하기도 한다. 직장에서 잘 나갈 때는 그냥 넘어갈 수 있었던 말도 실직하고 나면 가시처럼 가슴에 콕콕 박히고, 때론 말 한마디 표정 하나에 속이 부글부글 끓기도 한다.

또 어쩌다 그렇게 되었냐는 말 속에 수십 개의 뉘앙스가 느껴져 그것을 분석하느라 밤을 새우기도 한다. 대개는 나쁜 뜻으로 받아들여져 스스로를 가차없이 폄하하게 된다. 그러나 주위 사람의 말 한마디 한 마디에 신경을 세우고 자존심 상할 필요가 전혀 없다. 스스로 폄하하고 자신감이 없어지면 영원히 일어서지 못한다. 단지 그 사람의 말도 일리가 있다고 인정하고, 그러려니 이해하고 넘어가라.

사람은 저마다 자기 관점으로 세상을 보기 때문에 자기 기준과 입장에서 말을 하게 된다. 그래서 직 · 간접적으로 무시를 당하거나, 상처받는 이야기를 들을 때도 있다.

"네가 그 일을 하겠다고?"

"너한테는 그 일이 적성에 맞지 않아."

"그 주변머리로 무슨 장사를 한다고 그래?"

상대방의 생각이나 말을 이해는 하되 자신의 신념과 맞지 않거나 용기를 꺾는 말에는 동참하지 말라. 또 비록 그 말이 상처가 되고 자존심을 상하게 하는 말일지라도 그렇게 생각할 수도 있다는 것을 인정은 하되 열등감을 갖지는 말라. 상처와 열등감을 갖는 대신 앞으로 더 큰 일을 하리라는 각오와 결심을 하라.

야간고등학교를 다니며 서울역 앞에서 신문팔이를 할 때였다. 저녁 무렵 신문을 돌리고 있는데 세 명의 학생 깡패들이 몰려와 가진 돈을 내놓으라고 협박을 했다. 가진 돈이 없다고 하자 큰 아이가 다른 두 아이에게 몸을 뒤지라고 명령했고 이내 두 학생이 달려들어

내 옷을 뒤지기 시작했다. 머리부터 발끝까지를 톡톡 털어 뒤져봐야 동전 몇 개밖에 안 나오자 그들은 달려들어 사정없이 나를 발길로 걷어찼다.

"거지같은 새끼! 뭐 이렇게 돈도 안 가지고 다니는 놈이 다 있어?"

돈이 없다는 죄로 그들은 나를 발로 걷어차고 얼굴에 침을 뱉었다. 정강이를 어찌나 세게 걷어채였는지 그 순간 살점이 떨어져나갔다. 고통을 참지 못해 계단에서 고꾸라졌고 목구멍에서는 쓴 물이 올라왔다. 20개 이상의 계단을 데굴데굴 굴러 나가 떨어졌으나 내 속에서는 이상하게도 무언가 새 힘이 뭉클뭉클 솟아났다.

"그래, 내 비록 지금은 거지지만 20년 후에 보자. 내 반드시 일어나리라."

나는 사라져가는 깡패들의 뒷모습을 바라보며 이를 악물고 자리에서 벌떡 일어났다. 그리고 흐트러진 신문더미를 다시 챙겨 들고 더욱 큰 소리로 역전을 향해 소리쳤다. "신문 사려!, 신문 사려!"

이후에도 나는 수없이 많은 사람들의 멸시와 비웃음을 받고 자존심을 걷어차였다. 자존심을 걷어차일 때마다 나는 그들을 향해 분노하고 원망하는 것이 아니라 '20년 후에 보자!'고 다짐했다. '20년 후가 되면 너희 같은 깡패들이 나를 괴롭히거나 무시하지 못할 인물이 되겠다'고 했다. 사실 그 결심과 노력은 20년이 아니라 15년 후에 이루어졌다. 대통령 비서실 초대 새마을 담당이 되어 한국 농촌

개혁의 역사를 다시 쓰는 일은 맡은 사람이 된 것이다.

자신을 가장 잘 아는 사람은 바로 자기 자신이다. 자기 스스로를 격려하고 나는 반드시 해내고야 말 거라는 확신을 가지면 주위 사람들의 말이 상처가 되지 않는다. 진짜 능력은 '나는 할 수 있다'는 신념과 자신감에서 나온다.

미국의 가장 영향력 있는 언론인이었던 데이비드 브링클리(David Brinkley)는 '성공하는 사람은 남들이 던진 벽돌로 견고한 기초를 쌓는 사람'이라고 했다.

세계 최고의 갑부이자 자선사업가였던 록펠러(John Davison Rockefeller)는 청년시절 매우 가난했다. 그래서 첫 여인에게 "가능성이 없는 가난뱅이"라는 말을 들으며 버림받았다. 그러나 그는 여자를 원망하지 않고 도리어 비방을 자극제로 삼아 세계에서 가장 부유한 재벌로 우뚝 섰다.

주위 사람이 당신의 자존심을 향해 벽돌을 던질지라도 그 벽돌에 상처받지 말고 도리어 성공을 쌓는 기초로 삼아라. 벽돌이 많이 쌓일수록 크고 높은 성이 될 것이다.

원망의 감옥에서 탈출하자

박 지점장은 국내 모 대기업에서 일 잘하기로 소문난 사람이었

나는 긍정을
선택한다

다. 큰 회사마다 보이지 않는 조직 라인이 있기 마련인데 박 지점장은 어디에도 속하지 않고 묵묵히 일을 열심히 하여 실적을 많이 올리는 사람이었다. 그런데 박 지점장의 상사인 이 상무는 자신의 수하에 들어온 부하직원만 철저하게 챙기는 사람이었다.

이 회사에서는 6개월에 한 번씩 호봉이 조정되는데, 박 지점장의 지점이 종합감사에서 평균점수 95점을 받게 되었다. 다음 호봉이 조정되는 한 달 전쯤 이 상무의 수하에 있던 평균점수 55점짜리 지점장이 박 지점장의 자리로 발령받아 오고, 박 지점장은 성적이 형편없는 다른 지점으로 옮겨가게 되었다. 모두 이 상무의 지시였다.

발령받은 지 한 달 후에 자기 자리로 온 무능한 지점장은 전임자가 쌓아올린 실적에 따라 좋은 점수로 평가되어 승진을 하게 되고, 유능한 박 지점장은 전임자의 업무실적대로 평가받아 좌천당한 꼴이 되었으니, 마음속에 이 상무에 대한 미움이 가득할 뿐만 아니라 회사에 대한 불만이 이만저만이 아니었다. 박 지점장은 내게 찾아와 분한 마음을 털어놓으며 당장 사표를 내겠다고 했다. 나는 절대 그만두지 말고 상사를 용서하라고 말했다.

"용서해라. 미워하면 절대 일어서지 못한다. 미움이 있는 한 창의성이 살아나지 못한다. 무능한 상사를 잘 모시는 것도 자네 능력이다. 분노에 차서 상사를 잘 모시지 않으면 능력이 없는 것과 마찬가지다. 상사로 잘 모시고 네 공을 내세우지 말고 상사의 공으로 여기면서 업무를 추진해나가라."

"박사님, 제가 예수님입니까?"

박 지점장은 상사를 더욱 잘 모시라는 말에 분함을 삭이지 못하고 화를 냈다.

"아무리 나쁜 상사라 하더라도 좋은 점이 반드시 있는 법이다. 잘 연구해봐라."

"그 사람은 눈을 씻고 찾아봐도 좋은 점이라곤 없는 사람입니다."

"살인강도도 좋은 점은 있게 마련이다. 좋은 점을 찾아보려고 노력해봐라."

끈질긴 나의 설득에 박 지점장은 사표를 내지 않고 다시 회사로 돌아갔다. 몇 달 후 그가 밝은 목소리로 전화를 걸어왔다.

"상사의 좋은 점을 보려고 노력하니 과연 장점이 눈에 보이더군요."

첫째 이 상무는 자기 수하에 있는 부하는 무슨 일이 있어도 철저히 챙겨주고, 또 윗사람에 대한 보고를 적기에 잘하는 장점이 있더라는 것이다. 상사에게 업무보고를 할 때는 아랫사람의 공로도 마치 자기가 영향력을 준 것처럼 말하더라는 것이다. 즉, 탁월한 전략가라는 것이다.

나는 박 지점장이 잘한 것을 모두 이 상무의 영향을 받은 것으로 표현해서 말하고 그에게 공을 돌리고 더욱 깍듯이 모셔보라고 했다. 박 지점장이 나의 지시대로 이 상무를 더욱 깍듯이 모시자 이 상무는 비록 박 지점장이 자신의 라인은 아니지만 그를 인정해주었고 그의 진급을 방해하지 않았다.

그러나 2년 후 그동안의 이 상무의 행위가 탄로 나고 사장에게까지 알려져 결국 회사에서 퇴출되고 말았다. 뿐만 아니라 이 상무의 부당한 행위에도 불구하고 박 지점장이 상사를 깍듯이 대접하고 모신 사실이 알려져, 이런 사람이 지도자가 되어야 한다는 여론이 형성됐다. 그는 지역본부장은 물론 회사 임원까지 되었고 나중에는 사장물망에까지 오르내렸다.

대부분의 사람들은 불행하거나 좋지 못한 일을 만났을 때 대개 자신이 아닌 타인을 원망하게 된다. 그리고 원망할 수밖에 없는 합당한 이유들을 댄다.

"그놈이 원래 나쁜 놈이었어."

"상사를 잘못 만났어."

"내 공을 그놈이 가로채서 승진한 거야. 내 공을 뺏긴 거야."

부정적인 시선으로 보면 모두가 원망스럽다. 심지어 아무 죄도 없는 부인이나 가족까지 원망스럽다. 그러나 합당한 이유가 있더라도 남을 원망하는 상태로는 절대 일어나지 못한다. 원망이 마음속에 뿌리를 내리게 해서는 안 된다. 마음 깊은 곳에 있는 원망의 뿌리를 제거해야 한다.

상대방을 위해서가 아니라 나를 위해서 그리해야 하는 것이다. 그렇다고 모든 것을 자신의 탓이라고 하면 또 못 일어선다. 내게 문제가 있다는 것을 인정은 하되 그렇다고 자신을 폄하해서는 안 된다. 나는 상황에 관계없이 '나'다. 박 지점장처럼 부당한 대우를 받았다 할지라도 원망하지 않고, 비록 잘못한 상사라 할지라도 진심으로 용서하고 받아들이면 언젠가는 반드시 진짜 실력을 인정받는 날이 오게된다.

반면에 코스닥 등록업체인 K사장은 부하직원의 배신으로 회사를 잃고 교도소까지 가게 되었다. 회계 담당직원이 적대적 M&A를 한 회사 측과 짜고 자신을 몰아내고 덤터기를 씌워 교도소에까지 가는 신세가 되어버린 것이다. 하루아침에 자신이 일군 회사에서 쫓겨나고 게다가 교도소에까지 가게 되었으니 그 억울한 마음이 하늘을 찌를 듯했다. 분노, 원통함, 복수심으로 하루하루를 지옥처럼 보냈다.

마음으로부터 용서하지 않으면 결국 인생은 불행의 감옥에 갇히고 만다. 내가 먼저 마음의 감옥에서 벗어나야 한다. 몸은 비록 교도소에 있다 할지라도 마음까지 갇혀서는 안 된다. 분노, 원통함, 억울함, 복수심에 불타오르면 인생 전체가 영원히 감옥에 갇히는 것이다.

안 좋은 일, 불행한 일은 될수록 빨리 잊어버려라! 처음에는 쉽지 않지만 이것도 훈련하면 된다. 평소 마음을 훈련하는 법을 길러야 한다. 작은 일부터 그냥 지나치는 훈련을 하라. 가령 아침에 누군가로부터 기분 나쁜 말을 들었다고 하면 그 말을 하루 종일 곱씹으며 괘씸해 하지 말고 다른 좋은 생각을 함으로써 잊어버리도록 노력하라.

또 출근길에 자동차 접촉사고가 났더라도 상대방을 원망하지 말고 빨리 기분전환을 하도록 노력하라. 좋은 음악을 듣는다든가 기분 좋은 사람과 이야기를 하며 분위기를 바꾸도록 노력해보라. 시간이 지나면 그 일이 그다지 크게 느껴지지 않을 것이다. 이런 식으로 작은 일부터 마음을 훈련하는 노력을 하라.

미움과 원망의 독소는 몸까지 병들게 한다. 불치병에 걸린 사람이 용서를 하자 병이 낫는 경우를 주위에서 종종 볼 수 있다. 또 아무리 건강했던 사람이라도 남을 원망하고 미워하다보면 마음의 독이 몸을 병들게 하여 죽을병에 걸리게 되는 경우도 많이 보게 된다.

믿었던 사람으로부터 배신을 당했는가? 부당한 대우를 받았는가? 끔찍한 상처를 받았는가? 잊으라. 복수하려 하지 말고 용서하라. 용서는 상대방을 위한 것이 아니라 바로 자기 자신을 위한 것이다. 우리에게 잘못한 사람을 미워하고 원망하면 자기만 병이 든다. 자신만 손해다.

미움과 원망은 우리의 삶에 어두운 에너지를 발생시키기 때문에 좋은 일이 올 수 없다. 미운 사람을 다루는 일은 하나님이 관장하시도록 하라. 하나님은 "원수 갚는 일이 내게 있으니 내게 맡기라"고 하셨다. 그러니 원수 갚는 일은 하나님께 맡기고 복수심과 원통함을 갖는 대신 새 일을 계획하고 많은 책을 읽고 새로운 미래를 준비하

라. 긍정적인 마음으로 미래를 준비하는 자에게는 반드시 새 길이
열리게 되어 있다.

잃은 것은 빨리 잊자

직장생활을 하다보면 잘 나갈 것 같던 사람이 하루아침에 직장
을 잃거나 해고당하는 경우가 있다. 해외출장을 다녀오니 앉을 책상
과 의자가 없어져버리는 황당한 경우도 있다. 그때 본인의 충격과
배신감은 이루 말할 수 없을 것이다.

미국에 있는 친지 가운데 한 사람인 S의 경우도 그랬다. 그는 직
장에서 나름대로 인정받고 있던 중견간부였다. 어느 날 회의를 주재
하던 중 사장이 긴급히 찾는다기에 사장실에 갔더니 갑자기 S에게
해임을 통보했다.

"오늘로서 회사일은 그만두고 내일부터 회사에 나오지 마시오."

사장은 마치 간단한 업무지시를 하듯 말했다. 어제 오후 S가 사
장에게 업무보고를 하고 다음날 브리핑을 위해 회의를 소집하겠다
는 보고를 할 때만 해도 아무런 낌새나 단 한 마디 언질도 없던 터였
다. 그런데 당일 아침 해임통보를 받은 것이다.

그가 자리로 돌아와 보니 이미 컴퓨터와 서랍이 깨끗이 치워진
상태였다. 회사기밀이 누설될까봐 갑작스레 해임통보를 하고 컴퓨

나는 긍정을
선택한다

터와 그의 메모지 등 모든 서류와 자료를 가져간 것이다. '아니, 어떻게 이럴 수가…' 다시 한 번 그의 입에서 신음이 터져 나왔다. 그동안 말로만 듣던 일이 자신에게도 일어난 것이다. 등을 돌린 채 일하고 있는 직원 모두가 공범자처럼 보였다.

회사를 걸어 나오는데 그간의 시간들이 주마등처럼 스쳐지나갔다. 주위 동료들을 따돌리고 승승장구 출세의 가도를 달리던 때가 떠올랐다. 사회가 냉정한 것인 줄 알았지만 막상 자신이 당할 줄은 몰랐다.

"회사를 위해 그렇게 일을 했는데 어떻게 나한테 이럴 수가…"

걷잡을 수 없는 배신감과 분노와 충격이 밀려왔다. 그는 인생을 송두리째 도둑맞은 느낌이었다. 아니, 자신의 삶 전체가 사형선고를 받은 것 같았다. 그는 거의 석 달간을 식음을 전폐한 채 지냈다. 주위 사람의 동정이나 위로는 그를 더 비참하게 만들었다. 사람이 두렵고 사람의 목소리조차 듣기 싫은 대인기피증까지 생겨났다.

그는 집안에만 틀어박혀 독한 술만 서너 병씩 들이켰다. 술에 취하지 않고서는 도저히 잠을 잘 수가 없었다. 그렇게 서너 달을 지내다가 나를 찾아왔다.

"어떻게 이럴 수가 있습니까?"

그는 자신이 처한 경제적인 현실보다도 하루아침에 해고당한 사실에 대한 분노와 수치감, 억울함에 치를 떨었다. 상무, 이사, 회사 직원 모두 원망과 적의의 대상이었다.

"소매치기 당한 셈치고 잊어버려라."

"네? 뭐라고요?"

S가 어이없다는 듯 되물었다.

"소매치기는 당한 순간부터 빠른 시간 내에 잊어버려야 유익한 법이야. 소매치기 당한 일을 오래 기억하며 아쉬워하는 사람처럼 어리석은 사람은 없다. 생각하면 할수록, 자기만 손해야."

소매치기 당한 사람이 억울해 하면서 "그 버스만 안 탔더라면", "그 돈이 어떤 돈인데" 하고 억울해 하고 분을 내봤자 시간만 낭비하는 것이다. 아쉽고 원통하지만 좋지 않은 일들은 될 수 있는 한 빨리 잊어버리는 것이 현명하다.

"머리로는 그렇게 하려고 해도 가슴으로는 용납이 안 되는 걸 어떡합니까?"

물론 쉬운 일은 아니다. 그러나 노력하면 잊을 수 있다. 대신 좋았던 일을 떠올리고 좋은 생각으로 대치해보라. 직장 상사나 동료들이 잘해주었던 것을 떠올리도록 의식적으로 노력해야 한다. 그리고 직장을 저주하거나 섭섭하게 생각하지 말고 생각을 바꾸어 "내가 그간 이 회사 때문에 먹고 살았으니 감사하다"는 마음을 갖고 회사가 잘되기를 진심으로 바라라.

직장을 잃었을 때, 실의에 빠져 슬프고 처참한 생각을 하면 아무것도 하지 못한다. 후회하면 다른 일도 안 된다. 빨리 잊어버려라. 빨리 잊을수록 새 삶도 빨리 올 것이다. 지난 일을 원망하고 후회하

나는 긍정을
선택한다

는 대신 그 시간에 새 일을 계획하고 새로운 문을 찾아 두드려라. 하나의 문이 닫히면 또 다른 문이 열린다는 것을 기억하라. 더 크고 좋은 문이 열릴 것을 기대하라.

직장에서 하루아침에 해고되었거나 사업이 망했다면 그보다 더한 최악의 상황을 상상하며 감사하라. 처한 상황보다 더 못한 것을 상상하면 감사함이 우러나고 희망과 용기가 생긴다. 그러나 원망하고 분노하고 실망하고 절망하면 그 끝은 결국 불행이다. 비록 직장을 잃었을지라도 건강하다는 것에 감사하라. 건강마저 나쁘다면 죽지 않은 것에 감사하라. 비가 오고 천둥이 치지만 그 순간이 지나면 찬란한 햇살이 반드시 다시 나온다.

그러므로 잃어버린 것, 떠나버린 것 때문에 괴로워하지 말고 아직도 남아 있는 것, 아직도 할 수 있는 일에 최선을 다하라. 한탄하면 한탄할 일이 점점 더 생기고 감사하면 감사할 일이 생겨난다.

생각도 근육과 마찬가지로 훈련과 연습으로 키워진다.
긍정적인 생각으로 마음의 물고랑을 만들어놓으라.
그 속으로 희망, 성공, 기쁨, 승리가 흘러들어올 것이다.
그러나 부정적인 물고랑 속에는
실패와 좌절, 절망과 슬픔, 패배와 낙심, 미움과 시기가 몰려들게 마련이다.
부정적인 생각의 끝은 불행이다.
내 삶을 어느 방향으로 이끄느냐는 결국
내 마음의 물줄기를 어디로 트느냐에 달려 있는 것이다.

복 받을 마음의 준비

진짜 복은 무엇인가

사람은 누구나 복 받기를 기원한다. 사람들이 일반적으로 생각하는 복이란 병약한 사람이 건강해지는 것, 돈이 적은 사람에게 돈이 더 많아지는 것, 자식이 공부를 잘해서 성공하는 것, 지위와 명예가 높아지는 것 등 이런 외형적인 조건들이 대부분이다.

그러나 진짜 복은 이런 것이 아니다. 재산이 많다고 해서 복이 아니며, 지위가 높고 권세가 있다고 해서 반드시 복이라고만 할 수 없다. 물질, 성공, 출세, 권력… , 이런 것들이 진정한 복이 되려면 우선 마음 밭의 상태가 좋아야 한다. 즉, 마음이 항상 편안하고 남이 부럽지 않고 감사한 마음이 우러나와야 한다. 그래야 진짜 복이라고 할 수 있다.

만일 병약한 사람이 건강해지는 것이 복이라고 한다면 병든 사람은 모두 저주받았다고 할 것 아닌가? 사람은 나이가 들면 병약해져 결국 죽는다. 그러므로 노환으로 병든 사람이 모두 저주받아 죽은 것이라고 할 수 없듯이 돈이 많은 게 복이고 돈이 없는 게 불행이라고 할 수 없는 것이다. 진짜 복은 외형적인 조건이 아니라 생각에 달려 있다. 감사하는 마음이 넘치는 것, 이것이 진짜 복이다. 근본적인 복은 이처럼 자기 마음에 달려 있는 것임에도 대다수의 사람들은 곁가지인 외부의 조건을 복으로 알고 있다.

어느날 나와 같은 교회의 장로님이 병원에 입원하여 문병을 갔다. 나는 그가 '어쩌다 이런 병에 걸려가지고…' 하며 원망하고 상심해 있을 줄 알았다. 한참 일할 나이에 덜컥 병에 걸려 누워 있는 사람에게 무슨 말로 위로를 하나 고민하며 병실에 들어섰다. 그러나 책을 읽고 있던 그는 나보다 더 밝은 표정으로 반갑게 나를 맞았다.

그동안 회사일로 바빠 성경도 제대로 못 읽고 기도생활도 마음대로 못 했는데 입원하니 기도도 하고 성경도 볼 수 있어 감사하다고 했다. 병문안 간 사람들이 도리어 감동과 위로를 받고 돌아왔다. 육체는 건강하나 마음이 병든 사람보다 몸은 비록 아프더라도 감사와 여유가 있는 환자가 더 복이 있는 사람이라 할 것이다.

건강하지 못하거나 해고를 당하거나 좌천이 되었어도 마음 밑바닥에서 감사한 마음이 일어난다면 이는 복 중의 복이라 할 수 있다.

해고당했어도 '그간 일할 수 있어서 감사하다'는 마음을 가지면 이내 새로운 직장이 나타난다. 이런 마음은 쉽게 가질 수 있는 것이 아니다. 자기를 길들이는 노력을 통해서 얻어진다. 이런 복을 받은 사람은 눈빛과 얼굴부터가 다르다. 타인들이 먼저 그것을 느낀다. 참복을 누리려면 평소 마음의 텃밭을 감사하는 마음으로 잘 가꾸어야 한다.

복을 받기 위해 가장 먼저 할 일

희망, 기쁨, 승리의 삶을 살고 싶은가? 그렇다면 아침에 눈을 뜨는 순간, 아니 눈을 뜨기 전 의식이 드는 순간부터 자신에게 긍정적인 메시지를 입력하라. 그리고 일어나서 미소를 짓고 '오늘은 잘될 것이다'라는 생각을 의식적으로 하라. 그리고 아침마다 좋은 일이 일어나길 기대하라. 우울한 생각이 틈을 타지 못하도록 좋은 일을 떠올리고, 계획을 세워 이루었던 일을 생각하라. 그리고 자기에게 다음과 같이 타이르며 희망찬 말로 하루를 시작하라.

"너는 잘할 수 있어."

"다른 사람은 못 해도 너는 길을 찾아낼 거야."

"너는 해결할 수 있어."

"기어이 이 일을 해내고야 말겠어."

자고 일어나서 기분 좋게 생각하고 된다고 생각하면 머리가 항상 살아서 싱싱하다. 하지만 안 좋은 생각으로 하루를 시작하면 썩은 물 속의 생선처럼 머리가 제대로 작용하지 못한다. 아침에 밝은 마음으로 긍정적이고 미래지향적으로 무엇이든 할 수 있다고 생각하면 창의적인 머리로 바뀐다.

눈을 뜨자마자 우울한 마음이 엄습해 올 수도 있고, 해결되지 못한 문제가 산더미처럼 쌓여 사정없이 나를 짓누를 수도 있다. 하지만 그럼에도 불구하고 머릿속에 '잘될 것' 이라는 메시지를 입력하라.

'난 잘될 거야.'

'내 인생 최고의 순간이 나를 기다리고 있어.'

마음의 주파수를 긍정적인 방향에 맞추고 그 메시지를 몸 전체로 흘려보내라. 그러면 메시지가 전류처럼 흘러가 몸 전체를 밝히고 주위에 좋은 기운을 일으켜 밝은 기운이 몰려온다. 즉, 좋은 기(氣)가 차츰 내게로 흘러들어오게 된다.

'기가 차다, 기가 막히다'라는 말에서 '기'는 육체적 힘이 아니라 정신적인 힘을 뜻한다. 내가 긍정적이고 희망적인 마음을 먹으면 우주의 좋은 기가 흘러들어와 생기를 주고 활력을 준다.

우울한 사람, 걱정 많은 사람은 부정적인 에너지를 내뿜는다. 따라서 주위에 계속 우울한 일, 걱정거리가 더 따라붙게 된다. 그러니 우울한 음악이나 슬픈 음악도 듣지 말라. 경쾌하고 진취적인 음악을

나는 긍정을
선택한다

좋아하라.

문단속을 하지 않으면 도둑이 들어오게 되어 있듯이 마음도 단속하지 않으면 부정적인 생각이 도둑처럼 들어온다. 우주에 퍼져 있는 악기(惡氣), 즉 사탄이 악착스럽게 나를 점령하여 무너뜨리려고 달려든다. 어떤 생각을 선택하느냐에 따라 행동방식이 결정되기 때문에 긍정적 생각을 선택하는 것이 무엇보다 중요하다.

작은 일부터 시도해보라. 마음도 근육처럼 훈련해서 키워나가며 길들이는 것이다. 휘트니스센터에 가면 근육을 키우기 위한 여러 가지 웨이트 트레이닝 기구가 있다. 처음에는 제일 낮은 단계에서부터 시작한다. 처음 운동하는 사람은 쓰지 않던 근육을 사용하려니 제일 가벼운 무게도 들기가 무척 힘이 든다. 그러나 꾸준히 연습하다보면 어느새 자신도 모르게 근육량이 키워져 무거운 단계까지 올라가는 것을 경험한다.

생각도 근육과 마찬가지로 훈련과 연습으로 키워진다. 처음에는 힘들더라도 의식적으로 부정적인 생각을 밀어내려는 의지적 결단이 필요하다. 그런 훈련을 계속 하다보면 부정적인 생각이 차츰 줄어들고 긍정적인 생각들로 채워질 것이다.

긍정적인 생각으로 마음의 물고랑을 만들어놓으라. 그 속으로 희망, 성공, 기쁨, 승리가 흘러들어올 것이다. 그러나 부정적인 물고랑 속에는 실패와 좌절, 절망과 슬픔, 패배와 낙심, 미움과 시기가 몰려들게 마련이다. 부정적인 생각의 끝은 불행이다. 내 삶을 어느 방향으로 이끄느냐는 결국 내 마음의 물줄기를 어디로 트느냐에 달려 있는 것이다.

운이 없으면 운을 만들라

늘 자신은 운이 없다고 징징대고 불평하는 사람이 있다.

'내겐 좋은 일이 일어나지 않아.'

'그렇게 좋은 일이 내게 일어날 리 없어.'

이런 사람에게 운이 따르지 않는 것은 당연하다. 좋은 일이 찾아 왔다가도 문 앞에서 도망가버리는 것은 절대 이상한 일이 아니다. 그가 스스로 거부했기 때문이다.

운은 공기와 같다. 좋은 운과 나쁜 운이 항상 우리 주위에 있는데 운이 좋고 나쁘고는 내가 어느 것을 받아들이냐에 달렸다. 운이 없다고 불평하는 사람은 나쁜 운을 스스로 빨아들이는 것이다. 행운은 대개 열심히 적극적으로 그것을 찾는 사람에게 찾아온다. 그저 앉아서 좋은 일이 일어나기만을 기다리는 사람에게는 찾아오지 않는다.

내가 이스라엘에서 공부할 때였다. 처음 일 년은 아내와 아이를 한국에 놔두고 혼자 이스라엘에서 공부하고 있었기 때문에 가족이 몹시 그리웠다. 그때 기숙사에서 우연히 한국 유학생 M을 만났다.

나는 긍정을
선택한다

그 분은 한국에서 교수를 하다 박사학위를 받으러 온 사람이었다. 그도 역시 나처럼 한국에 아내와 자녀를 두고 온 사람이어서 우리는 시간이 날 때마다 한국에 두고 온 가족 이야기를 하며 서로의 외로움을 달래곤 했다.

그러나 갈수록 가족이 그리웠다. 어떻게 해서든 한국의 가족을 데려와 함께 살고 싶다는 생각이 절실했다. 그러나 내가 거주하고 있는 학교 기숙사로는 데려올 수가 없었다. 예루살렘대학은 부부가 둘 다 학생이어야만 부부용 기숙사를 사용할 수 있었기 때문이다. 그렇다고 시내에 방을 얻는 것은 너무 비싸서 장학금을 받아 생활하는 내 형편으로는 도저히 불가능한 일이었다.

그때 마침 학교 바로 앞에 2천여 채의 기숙사를 짓고 있었기에 나는 한국 유학생 M에게 함께 이사장을 찾아가서 우리에게 집을 한 채씩 달라고 제의해보자고 했다. 그러자 그가 말도 안 되는 소리라고 펄쩍 뛰며 가려면 혼자 가라고 했다.

결국 나는 혼자 이사장실을 찾아갔다. 나중에 들으니 학생이 이사장을 만나러 간 일은 그 학교 이사장으로 취임한 이후 처음이었다고 한다. 비서실에서는 내가 이사장을 찾아온 목적을 말하자 그건 학교와 관련 없는 일이라고 하며 아예 들어가지도 못하게 나를 막았다. 그래도 내가 물러서지 않고 이사장을 만나게라도 해달라고 옥신각신하고 있던 중 마침 외출했다가 들어오는 이사장과 마주치게 되었다. 이사장이 무슨 일이냐고 물었다. 나는 얼른 이사장을 뒤따라

방에 들어가서 내 소개를 했다.

이사장은 내게 "언제 왔느냐?", "한국학생이 몇 있느냐?", "아이가 몇이냐?" 등등 질문을 하더니 아이들이 보고 싶지 않느냐고 물었다. 나는 보고 싶지만 살 집이 없어 못 데려온다고 하면서, 지금 새로 기숙사를 짓고 있는 1,998세대 중 두 세대를 우리에게 제공해 줄 것을 간청하기 시작했다. 그렇게 하면 길이길이 좋은 일을 하게 되는 것이라고 설득하자 이사장이 곰곰이 생각하다 비서를 불러 기숙사 두 채를 우리가 사용할 수 있도록 조치하라고 지시했다. 나는 기왕이면 정식으로 초청장을 써줄 것을 부탁했다.

"귀하의 부군이 우리 학교에서 공부하는데 내가 집을 한 채 주어 무료로 사용하게 할 테니 와서 가족이 함께 사용하기 바랍니다."

이사장은 비서에게 내가 불러주는 대로 초청장을 작성하게 했다. 내 이야기를 들은 M의 눈이 휘둥그레진 것은 말할 필요도 없다. 그러나 그것으로 그친 게 아니었다.

이후 그와 우리 가족들은 이스라엘로 이사올 준비를 마치고 기숙사 완공 날짜에 맞춰 살고 있던 집을 처분해놓은 상태였는데, 기숙사 공사가 연기되는 바람에 입주가 4개월 후로 미뤄지게 되었다. 나는 다시 이사장을 찾아갔다.

"한국의 가족들은 이미 집까지 다 처분해서 올 준비를 마쳤는데 공사가 연기되는 바람에 현재 가족들이 갈 곳이 없게 되어버렸습니다."

이사장이 매우 미안하게 되었다고 정중하게 사과하면서 어떻게 해주면 좋겠느냐고 물었다. 나는 당당하게 학교 돈으로 가족들이 임시로라도 거주할 집을 얻어달라고 요구했다. 결국 내 요구대로 한국의 가족들은 이스라엘로 와서 기숙사가 완공될 때까지 학교 돈으로 얻어준 시내 월세 집에서 살 수 있게 되었다. 렌트비는 물론 기타 공과금 일체까지 학교에서 모두 지불하여 주었다.

많은 사람들이 내게 이렇게 말하곤 한다. '이상하다, 다른 사람에게는 안 되는 일이 왜 너는 되느냐'고. 그저 단순히 내가 운이 좋아서일까? 절대 그렇지 않다. 나는 운이 들어오길 앉아서 기다리는 것이 아니라 적극적으로 운을 만든 것이다. 내 삶에서 일어나는 모든 좋은 일, 남들이 소위 운이 좋았다고 하는 일들은 저절로 찾아온 것이 아니라 내가 스스로 찾고 구하고 두드려서 얻어낸 것이다. 사람들이 원하는 것을 얻지 못하는 것은 그것이 불가능해서가 아니라 과감히 시도하지 않아서다.

"또 떨어질 줄 알았어. 내가 승진될 리가 없지."

"난 왜 지지리 운도 없는지 몰라."

"그런 복이 내게 굴러들어올 리 없지."

이렇게 말하는 사람에게는 당연히 복이 왔다가도 굴러나가게 되어 있다. 일이 되고 안 되고는 운에 따른 것이 아니라 당신의 말과 마음에 달려 있다. 무조건 안 된다고 길을 막아놓으면 좋은 일이 들어올 틈이 없다. 그러나 긍정적인 생각을 가지고 열심히 노력하는 사람에게는 좋은 일이 따라오게 되어 있다. 노력하지 않고 좋은 일이 찾아오길 기대하지 말라. 원하는 일, 하고 싶은 일이 있으면 적극적으로 방법을 모색하고 노력하라. 운은 긍정적이고 적극적인 사람을 좋아한다. 운이 오지 않으면 시도하고 노력해서 운을 만들면 된다.

세상에서 가장 큰 복

사람들은 흔히 어려운 상황에 처하게 되면 주위 사람과 환경을 원망한다. 그러나 원망과 불평은 더 큰 불행을 가져올 뿐이다. 나는 우리의 인생을 불평하느냐, 감사하느냐에 따라 그 삶의 질이 결정된다고 말하고 싶다.

나는 힘들고 어려운 환경을 살아오면서 단 한 번도 하나님을 원망하거나 불평해본 적이 없다. 초등학교 5학년부터 하루도 거르지 않고 일기를 썼는데 일기장을 보면 어느 상황에서도 늘 감사하다는 말이 적혀 있다.

1953년 겨울, 한강의 얼음 두께가 2미터가 넘는 추위에 이불도 없고 내의도 없이 얼어 죽을 것 같은 냉방에서 자면서도 다음날 일기장을 보면 '하나님, 오늘도 얼어 죽지 않고 살아 있게 해주셔서 감사합니다'라고 적혀 있다. '어젯밤에 냉방에서 벌벌 떨다가 얼어 죽지 않았으니 감사하고, 여름에 화장실에 가면 수도꼭지가 있어 돈

나는 긍정을
선택한다

안 내고 물을 먹을 수 있으니 감사하고…' 등등 이런 내용이었다. 또 '현재는 밑바닥에 살고 있으나 미래에 대한 희망이 있으니 감사하다'는 내용도 적혀 있었다.

먹을 것이 없어 굶어 쓰러지면서도 하나님에게 왜 굶게 하느냐고 불평 한 번 하지 않고 "제가 하나님을 원망하지 않고 부디 이 시련을 잘 극복할 수 있도록 해주십시오"라고 기도했다.

이는 어렸을 때 받은 신앙 세 가지 때문이었다. 나는 전지전능하신 하나님이 살아계셔서 지금 나와 함께 계시고 나를 이처럼 사랑하시므로 내가 굶고 빈혈이 걸리고 길가에서 자는 것은 하나님께서 나를 훈련을 시키시는 과정이라고 확실히 믿었다.

대장간에서 쓸모없는 쇳조각을 숯불에 달구고 쇠망치로 두들겨 호미나 낫을 만들듯이 나를 훌륭한 사람으로 만드시려고 단련하는 과정이라고 생각했다. "하나님, 나같이 쓸모없는 놈을 하나님이 쓰시고자 하는 호미로 만들고자 담금질을 하시니 감사합니다"라고 기도하며 언젠가는 하나님이 쓰시는 도구가 될 것을 믿고 감사했다.

시궁창에 가나 궁전에 가나 감옥에 가나 이런 마음을 유지하면 어떤 장애물도 뛰어넘을 수 있다. 평소 작은 일부터 감사하는 훈련을 해야 한다. 매일 아침에 눈을 뜨고 일어나면 새로운 하루를 맞이했다는 사실에 대한 감사로 시작해서 하루 종일 모든 사소한 일에도 감사하는 훈련을 의식적으로 하라.

미국의 석유왕 록펠러가 가난뱅이에서 금세기 최고의 갑부이자 자선가가 될 수 있었던 원동력은 바로 감사하는 마음이었다. 그는 늘 감사하는 마음으로 살면서 어떤 상황에서도 절대 남을 비방하거나 불평하지 않았다고 한다.

위대한 과학자 아인슈타인은 날마다 하루에도 수백 번씩 "감사합니다"라고 말했다고 한다. 그는 자기보다 앞서 길을 걸어간 위대한 과학자들의 공로에 고마움을 표시했고 그래서 더 많이 배우고 성취할 수 있게 되었으며, 결국 가장 위대한 과학자가 되었다.

가장 큰 복은, 어떤 상황에서도 마음 밑바닥에서부터 우러나오는 감사의 마음을 소유하는 것이다.

"인생에서 가장 무거운 짐이 무엇입니까?"
라고 젊은이가 물었다. 그러자 노인은
"짊어질 것이 아무것도 없다는 사실이 가장 무거운 짐이라네."
라고 슬프게 대답했다.
- 작자 미상

3부

인생의 후반전,
어떻게 준비할 것인가?

나이 들었다고 안주하거나 포기하거나 절망하지 않고,
있는 자리에서 미래를 내다보며 노력하면
얼마든지 당신의 삶도 리모델링할 수 있다.
아니, 얼마든지 새롭게 신축할 수도 있다.
'너무 늦었어. 다 늦은 나이에….'
'자격증을 취득해봤자 이제 와서 무슨 소용 있어.'
인생에 늦은 시기는 없다.
"소 잃고 외양간 고쳐서 무슨 소용이냐"라고 하지 말라.
외양간이 있으면 소는 또다시 들어올 수 있다.
소를 잃었다고 한탄하지 말고 돌아온 소를 또다시 잃지 않도록
지금이라도 외양간을 고치라.

든든한 방주를 만들어라

평생직장? 평생직업!

대학에서 교양과목인 사회학개론 강의를 할 때였다. 강의를 듣던 영문과 한 여학생이 연구실로 나를 찾아왔다.

"교수님, 저는 대학을 졸업한 후 취직을 하는 게 목적인데 어떻게 하면 빨리 취직을 할 수 있을까요?"

당시 그 여학생은 1학년이었다. 나는 학생에게 할 수 있는 한 많은 자격증을 갖춰놓으라고 일러주었다. 영문 속기사, 영문 타자, 번역사 자격증을 따놓으면 취직이 쉬울 것이라고 했다. 졸업할 즈음 여학생은 자격증을 네 개나 따놓았고, 나는 그 학생을 제법 큰 이스라엘 회사의 한국지사에 추천하여 취직을 시켜주었다. 자격증을 네

개나 따놓았으니 취업이 쉬웠음은 물론 다른 사람보다 많은 월급을 받을 수 있었다.

이후 이 학생은 외무고시에 합격한 청년과 결혼해 외교관인 남편을 따라 대만으로 가게 되었다. 떠나기 전 부부가 인사를 하러 왔다. 나는 그들에게 외교공관에 가서 근무하더라도 미래를 위해 할 수 있는 한 공부를 해놓으라고 당부했다.

이후 내 조언대로 그녀의 남편은 대만에 가서 정치학을 공부하여 정치학 박사학위를 받았고 그녀 역시 대학원에 입학하여 교육학 박사학위를 받았다. 그 뒤 남편이 북경대사관으로 전근 발령을 받았고 그 여학생 제자는 거기서 멈추지 않고 40대 후반에 북경대학교 중의학과에 입학, 자격증을 취득하고 인턴, 레지던트 과정을 마치고 마침내 한의사가 되었다. 두 아이의 엄마이자 한 남자의 아내로서 대학원에 다니면서 공부를 한다는 게 얼마나 힘들었겠는가? 이미 교육학 석사와 박사학위를 가진 사람이 다시 의대 1학년에 입학한다는 것은 보통 결심으로 이루어진 것이 아닐 것이다. 그러나 그녀는 자신의 보다 나은 미래를 위해 포기하지 않고 노력하여 평생직장이 아닌 평생전문직업을 갖게 되었다.

자격증은 비단 젊은 사람에게만 필요한 게 아니다. 현대 사회에서 자격증은 자신의 가치와 능력을 나타낼 수 있는 가장 객관적인 지표라 할 수 있다. 따라서 퇴직을 준비하거나 언젠가는 전직을 하겠다고 계획하고 있는 사람이라면 할 수 있는 한 빨리 자격증을 취

나는 긍정을
선택한다

득해놓는 지혜가 필요하다. 그러나 자격증도 무조건 딸 것이 아니라 자신의 잠재 역량을 극대화하고 현재 하고 있는 일이나 앞으로 할 일의 브랜드 가치를 높일 수 있는 것인지를 따져보아야 한다. 따나마나한 자격증은 돈과 시간만 낭비하는 경우가 많다. 즉, 자신이 정말 좋아하고 잘할 수 있는 일인지, 그리고 돈이 되는 일인지, 관련된 경력을 쌓은 것이 있는지 등을 충분히 고려해야 한다.

J는 한국 대기업 건설회사의 임원으로 있던 중 미국 괌 지사로 발령을 받게 되었다. 해외근무 임기를 마친 후 귀국하려 했으나 아이들 교육을 위해 미국에서 살자는 아내의 강력한 권유로 미국에 남아 사업을 하기로 했다. 그는 퇴직금과 대출받은 돈을 전부 털어 작은 쇼핑센터를 지었고 관광객들을 상대로 의류, 악세서리, 영양제 등 여러 가지 선물용품을 파는 장사를 시작했다. 당시만 해도 괌이 일본인과 한국인들에게 최고 인기여행지여서 처음에는 제법 많은 돈을 벌었다. 그러나 그것도 잠시, 괌 비행기 추락사고가 일어나자 관광객의 발길이 끊어졌고, 대출이자도 갚지 못해 결국 전 재산을 투자한 사업체는 완전히 망하게 되었다. 그의 나이 56세였다.

J는 완전히 빈털터리가 된 채 가족과 함께 LA로 이사를 했다. 임시로 사촌 동생집에 머무르면서 일자리를 구하러 다녔으나 이미 오십대 중반을 넘어선 그를 채용해주는 회사는 없었다.

'차라리 그때 한국으로 귀국했다면 이런 고생은 하지 않을 텐데….'

후회해봐야 소용없는 일이었다. 앞이 막막하기만 했다. 그나마 한때 직장동료였던 사람이 그의 성실함을 알고 동양인이 많이 사는 작은 아파트 단지의 매니저로 일할 수 있도록 소개해주었다. 아파트의 소유주는 미국인으로, 미국 전역에 수십 개의 임대아파트를 가지고 있는 사업가였다.

J는 비록 월급이 적은 매니저였지만 성실하게 일하면서 아파트 수리를 해야 하거나 공사할 것이 있으면 직접 설계를 해서 공사를 하게 했다. 미국은 인건비가 비싸 사소한 것 하나만 고치려고 해도 비용이 만만찮은데 J가 이렇게 함으로써 많은 비용을 절감할 수 있었다. 그러자 회사에서는 그를 인정하여 점점 더 크고 좋은 고급 아파트의 매니저로 일하게 했다. 보수도 괜찮은데다 본사에서 아파트는 물론 공과금까지 모두 내주어 경제적으로도 안정이 되어 갔다.

그러나 그는 안주하지 않고 매니저 일을 하면서 시간을 내어 학원에 다니기 시작했다. 새로운 자격증을 따기 위해서였다. 그는 일하는 시간 외에는 집에 오면 책상에 앉아 공부했다. 부인이 "다 늙어서 그런 거 따면 뭐하느냐. 아무 쓸모도 없는 거" 하면서 아파트 일이나 충실히 하라고 핀잔을 주곤 했다. 또 "당신은 자격증 따는 것이 취미냐?"고 놀리기도 했다.

사실 J는 자격증이 한두 개가 아니었다. 직장생활을 하면서 틈틈이 공부하여 건축, 토목, 설계, 전기 등등 건설에 관한 자격증을 모두 가지고 있었다. J는 부인의 핀잔에도 불구하고 묵묵히 공부를 했

나는 긍정을
선택한다

다. 그래서 미국에서도 전기, 배선, 에어컨 등의 자격증을 하나하나 취득해갔다. 그리고 가장 어려운 종합건축기사 자격증도 마침내 취득했다. 그가 종합건축기사 자격증을 딴 지 채 일 년도 못 돼 갑자기 본사로부터 해고통보를 받았다. 나이가 많다는 이유에서였다. 하루 아침에 본사로부터 해임통보를 받은 그는 그날로 일을 그만둬야 했다. 한 달 후에는 회사에서 제공해 준 아파트마저 비워줘야 했다. 그러나 J는 당황하지 않았다. 오히려 자신이 하고 싶었던 일을 본격적으로 할 기회가 왔다며 잘됐다고 생각했다.

마침 미국에는 리모델링 붐이 일어나면서 그의 자격증을 필요로 하는 곳이 많았다. 건설회사는 많으나 막상 그처럼 여러 개의 자격증을 모두 갖추고 있는 사람은 많지 않았다. 작은 공사는 특별히 기사자격증이 없어도 됐지만 공사비가 비싼 고급 주택이나 건물 공사에는 반드시 자격증이 있는 사람이 필요했고, 자격증을 가진 사람이 있는 회사는 다른 업체보다 더 많은 비용을 받을 수 있었다. 게다가 J는 건물 공사나 건축에 관련된 여러 가지 자격증을 가지고 있었으므로 다른 사람보다 더 좋은 대우를 받을 수 있었다.

그는 건설회사에 들어가 일 년간 실전 경험과 인맥을 쌓기 시작했다. 혼자 할 수 있겠다는 자신이 생기자 그는 자신의 이름으로 직접 건축회사를 차리고 신문과 전화번호부에 광고도 내면서 정식으로 사업을 시작했다. 건축에 관한 거의 모든 자격증을 갖추고 있는 그는 상담에서부터 인테리어 마무리까지 모두 철저하게 관리하였기에 고객들도 매우 만족해 하며 그를 신뢰했다.

J의 회사는 점점 소문이 나서 크고 작은 집과 건물, 식당, 쇼핑센터 등을 리모델링 해달라는 주문이 밀려들었다. 그는 최근 LA 근교에 있는 헌 집을 사들여서 완전히 새롭게 리모델링하여 이사를 했다.

그는 말한다. 지금까지 수많은 공사를 해왔지만 이제껏 해온 공사 중 가장 훌륭한 공사는 자신의 허물어진 인생을 리모델링한 것이라고.

나이 들었다고 안주하거나 포기하거나 절망하지 않고, 있는 자리에서 미래를 내다보며 노력하면 얼마든지 당신의 삶도 리모델링할 수 있다. 아니, 얼마든지 새롭게 신축할 수도 있다.

'너무 늦었어. 다 늦은 나이에….'

'자격증을 취득해봤자 이제 와서 무슨 소용 있어.'

인생에 늦은 시기는 없다. "소 잃고 외양간 고쳐서 무슨 소용이냐"라고 하지 말라. 외양간이 있으면 소는 또다시 들어올 수 있다. 소를 잃었다고 한탄하지 말고 돌아온 소를 또다시 잃지 않도록 지금이라도 외양간을 고치라.

퇴직해도 언제든지 어디로나 옮겨갈 준비가 되어 있는 사람은 같은 일을 해도 더욱 큰 자신감을 가지고 할 수 있다. 그런데 역설적이게도 이렇게 어디든 갈 곳을 많이 준비해둔 사람은 회사에서 놓아주지도 않는다.

나는 긍정을
선택한다

든든한 금고, 휴먼 크레디트

제자 중에 최첨단의 초정밀공업회사를 운영하는 CEO가 있다. 얼마 전 그 회사의 공장을 방문하여 함께 작업과정을 둘러보던 중 최첨단 시설과 놀라운 기술력에 감탄하는 내게 제자가 말했다.

"교수님, 최첨단 기술보다 더 중요한 것은 휴먼 크레디트입니다. 아무리 과학이 발전한다 할지라도 사람이 가장 중요하지요. 사람 자체가 회사라고 할 수 있어요."

회사를 운영하는 데 있어 기술, 인력이 중요하지만 무엇보다 중요한 것은 휴먼 크레디트라는 말이다. 휴먼 크레디트는 하루아침에 쌓아지는 것도 아니며 기술이나 재주만 가지고 만들어지는 것도 아니다. 휴먼 크레디트는 평소 모든 일에 정직과 성실을 다할 때 쌓아진다. 소위 뺀질뺀질하고 자기 이익만 챙기거나 상황에 따라 말을 바꾸는 사람은 한두 번 남들을 현혹할 수는 있으나 오래 가지 못하고 그 얄팍함이 금방 드러난다. 그런 사람은 당장의 작은 일에는 성공할 수 있을지 몰라도 큰 성공을 하지는 못한다.

최태섭 한국유리 초대회장이 일제시대 만주에서 곡물상을 운영할 때였다. 그는 밭에서 추수 전 미리 콩을 사들여 추수 후에 파는 일을 하였다. 어느 해 전쟁이 나면서 추수 전·후의 가격차가 20배나 났다. 그는 전쟁 전에 이미 자신의 콩을 사가기로 한 업자들과 계약을 해놓은 상태였다. 값이 20배가 뛰었으니 해약을 하면 계약금을 두 배로 물어주고도 훨씬 더 높은 가격을 받을 수 있었다.

그러나 그는 수백 가마니를 당초 계약한 가격대로 팔았다. 주위에서는 모두 그를 바보 취급했다. 그러나 이후 이 사실이 중국사회에 널리 알려지게 되었고, 중국사람들은 오로지 최 회장하고만 거래하려고 했다. 당시는 손해를 본 것 같았지만 그는 일 년 이내에 손해를 본 것보다 훨씬 더 많은 돈을 벌 수 있었고, 그때 번 돈을 가지고 고국에서 큰 기업을 이루게 되었다. 휴먼 크레디트가 가져다 준 축복의 결과였다.

손해를 보더라도 약속을 지키고 자신의 이익보다 남을 배려하는 정직한 사람은 당장은 손해를 보는 것 같지만 나중에는 도리어 더 큰 이익을 얻는다. 그리고 이런 것이 쌓이면 인생에서 그 어떤 것으로도 대신할 수 없는 힘이 생긴다.

IMF로 부도가 날 뻔했으나 휴먼 크레디트 덕분으로 살아난 사람이 있다. 건설회사 소장 일을 하고 있던 L씨는 청담동의 단독주택들을 구입하여 16세대의 고급빌라를 짓기로 마음을 먹었다. 집을 팔 주인과 협의하거나 물어본 일도 없이 혼자 그런 생각을 한 것이었다. 주위 몇몇 사람에게 자신의 계획을 밝히고 동참하고 싶으면 계약금을 보내라고 하자 이틀 만에 열여섯 명이 그의 통장으로 1억 6천 3백만 원을 입금해왔다. 건축 부지를 사기도 전에 열여섯 명의 계약자들이 계약금을 통장에 넣어준 것이다.

자신감을 얻은 L씨는 자신이 점찍어둔 청담동의 단독주택 주인들을 만나기 시작했다. 직접 일일이 찾아다니며 끝까지 설득하여 자신이 원하는 땅을 모두 매수할 수 있었다. 그러나 공사를 진행하던 중 IMF가 찾아왔다. 부동산 가격이 폭락하자 중도금을 치러야 할 입주자들로부터 돈이 나오지 않았다. 공사비를 조달하지 못하면 부도가 나서 모두 망할 판국이었다. 그는 고민 끝에 시공사를 찾아갔다. 전체 공사비가 51억 원인데 시공사가 직접 공사비를 선투입해서 공사를 완료해달라고 부탁했다. 평소 L씨와 거래를 해왔던 시공사는 L씨를 믿고 그의 요구대로 시공사가 직접 은행에서 공사비를 대출받아 공사를 마쳤다. 그가 평소에 쌓아놓은 휴먼 크레디트 덕분이었다.

오늘날같이 얄팍한 사회에서 휴먼 크레디트를 쌓기란 쉽지 않다. 그렇기에 현대 사회는 더욱 휴먼 크레디트를 중시하는지 모른다. 휴먼 크레디트는 하루아침에 쌓아지는 것이 아니다. 카리스마나 기술, 능력, 뛰어난 언변, 외국어 실력 등으로 쌓아지는 것도 아니며 또 억지로 기른다고 해서 금방 얻어지는 것도 아니다. 상사에게는 좋은 부하직원이어야 하고, 부하직원에게는 좋은 상사가 되도록 하고, 동료들은 물론 거래처 직원들에게도 신뢰를 줄 수 있어야 한다. 휴먼 크레디트를 쌓으려면 사소한 일일지라도 평소 다음과 같이 자신의 품성을 기르고 훈련하는 노력이 필요하다.

첫째, 주인의식을 가져라. 회사의 직원이라면 이 회사를 상속받을 사장의 큰아들이라는 마음가짐을 가져라. 이런 마음으로 일하는 사람은 말단직원이나 사환이라도 저절로 눈에 띄게 마련이고, 당장 눈에 띄지 않아도 잠재적 가치는 올라간다.

둘째, 정직하라. 일찍이 우리 민족의 큰 선각 지도자이신 도산 안창호 선생은 "거짓말을 하지 말라. 죽더라도 거짓말하지 말고 정직하라. 꿈에서라도 거짓말하지 말라. 농담으로라도 거짓말을 하지 말라"고 하셨다. 어떤 상황이든지 정직하라. 선의의 거짓말이라도 될 수 있으면 하지 말라. 정직이 바탕이 되면 어떤 문제가 생겨도 해결할 수 있다.

셋째, 약속을 지켜라. 이미 약속한 것은 손해가 나더라도 반드시 지켜라. 목표를 정하고 약속했으면 약속한 것보다 조기달성하려고 노력하고, 만일 지연된다면 납득이 가도록 설득하라.

넷째, 성실하라. 아무리 강조해도 지나치지 않는 말이 성실이다. 회사는 능력 있고 불성실한 직원보다 성실한 사람을 요구한다. 따라서 회사에서 있어야 할 자리에서, 자신이 가진 능력보다 훨씬 더 많은 일을 성취하라. 그런 사람은 이직을 해도 늘 일감이 붙어다니게 되어 있다. 휴먼 크레디트가 쌓인 사람은 인생의 위기를 만났을 때 든든한 금고를 가지고 있는 것이나 다름없다. 이런 사람은 이미 절반의 성공을 보장받은 것이나 다름없다.

"아마추어는 남을 상대로 싸우지만,
프로는 자신을 상대로 싸운다."
- 아놀드 베네트

부하직원들이 나가서 좋은 곳에 자리를 잡거나
또한 잘 나가는 회사를 차려 상사를 스카우트하는 경우가 많은데
그들에게 이런 일이 일어난 것은 단지 운이 좋아서가 아니다.
그들이 이런 대우를 받을 수 있었던 것은
평소 부하직원들에게 좋은 상사였기 때문이다.
그들은 자신이 상사로 있을 때 부하직원들에게 따뜻한 관심을 가지고
그들의 고충과 불편한 점을 들어주고 해결해주려고 애쓴 것이다.
비록 회사에서 이런저런 사정으로 퇴임한다고 할지라도
후배직원으로부터 존경을 받아왔던 상사는
퇴임을 하자마자 기다렸다는 듯 모셔가는 곳이 생긴다.

내 편을 만들어라

개미형 인간? 거미형 인간!

개미형 인간이 아닌 거미형 인간이 되라는 말이 있다. 현대 사회에서는 열심히 일하는 개미형 인간도 중요하지만 곳곳에 인맥의 그물을 쳐놓은 거미형 인간이 더 중요하다는 뜻이다. 이 세상은 혼자못 산다. 더불어 사는 사회다. 도움을 주는 사람도 있고 도와줘야 할사람도 있다. 사람들은 노후를 위해 연금보험을 들고 정기적금을 드는 등 물질적인 노후준비는 하면서 정작 노후를 함께할 사람에게는소홀히 하는 경우가 많다.

사람은 모두 외로운 존재다. 물질로만 살 수 없다. 아내, 남편, 가족, 자녀들, 친구, 동료 등 마음을 터놓고 이야기할 수 있는 사람만 있어도 풍요로운 노후를 보낼 수 있다. 그러나 인간관계도 정기적금을 들듯 꾸준히 정성과 사랑을 투자해야 한다. 바쁘다고 일에 매달려 주변사람들을 외면하면 정작 당신이 그들을 필요로 할 때 외면당할 것이다.

81세의 문호 괴테는 어느 날 자기 집 식품창고의 열쇠를 모두 가져오라고 하여 자신의 베개 밑에 숨겨두었다고 한다. 식사 때가 다가오면 가족 중 누군가가 창고열쇠를 얻으러 괴테의 방에 찾아올 것이기 때문이었다.

마가렛 대처 수상의 비참한 노후에 대한 기사가 신문에 실린 적이 있다. 그녀를 가장 비참하게 만든 것은 그녀 주위에 사람이 없다는 것이었다. 한때 한 나라를 뒤흔들 만큼 영향력이 컸던 그녀가 외롭고 고독하게 노후를 보내고 있었다. 그녀에게 마음을 주고받을 수 있는 사람이 몇 사람이라도 있었다면 그렇게 비참한 노후를 보내고 있지는 않으리라.

말년을 비참하게 보내는 이들 대부분은 주위에 아무도 없다. 우리가 아는 사람들 중에도 유명세를 타다가 막상 말년에는 고독하게 죽어가는 이들이 얼마나 많은가? 그런 사람은 일에서 멀어지면 아무것도 남는 것이 없다. 직함으로 만나는 사람은 직함이 떨어져나갈 때 함께 떨어져나가기 마련이다. 그러나 따뜻한 휴머니즘과 온기로 맺어진 관계는 직함이나 나이와 상관없이 관계가 유지된다. 이렇듯 나이가 들어도 유지되는 인맥 네트워크를 형성한다면 이보다 더 큰 인생의 자산은 없다.

이런 인맥관계를 유지하기 위해서는 첫째, 사람 보는 안목을 키워야 한다. 숫자보다는 어떤 사람을 사귀느냐가 중요하다. 사랑과 우정의 질을 높여서 서로 마음을 주고받을 수 있는 사람, 서로에게 좋은 영향력을 주는 동지를 구해야 한다.

둘째, 인맥을 잘 유지해야 한다. 아무리 좋은 관계였다 할지라도 한쪽에서 소홀하면 그 관계는 유지되지 않는다. 이것을 가장 잘 나타내주는 것이 이메일이다. 꾸준히 편지를 보내오던 친구도 내가 답신을 하지 않으면 메일을 보내지 않는다.

인맥의 99%는 관리다. 첫인상도 중요하지만 자신이 필요한 것을 얻었다고 해서 대접이 소홀해진다면 그동안 쌓은 신뢰를 모두 잃을 수 있다. 인간관계는 새로 만드는 것보다 유지하는 게 더 중요하다는 것을 명심하라. 마치 정기적금을 붓듯 사람에게도 변함없이 성실한 애정과 관심어린 투자를 해야 한다.

셋째, 주위 사람들에게 적당한 선물을 해야 한다. 때에 따라 적절하게 주는 선물은 인간관계를 부드럽게 해주는 윤활유이자 *끈끈하게 유지시켜주는 접착제*라고 할 수 있다. 꼭 비싼 선물이 아니더라도 좋다. 선물은 사람의 마음을 너그럽게 한다고 구약성경 잠언에도 씌어 있지 않던가.

그러나 자신이 필요로 할 때나 어떤 목적을 앞두고 선물을 하는 것은 진정한 선물이 아니라 뇌물이다. 인간관계는 단순히 비즈니스를 목적으로 사람을 구하려는 의도에서가 아니라 관계를 통해 삶에 훈기를 불어넣으려는 마음에서 비롯되어야 한다.

넷째, 체계적으로 인맥을 관리하기 위해서는 나름대로 방법을 연구해두어야 한다. 나는 명함을 받으면 그것들을 모두 분류해두고 메일을 보내거나 편지, 연하장을 보낸다. 비즈니스에서 '최고의 신규고객은 기존고객이다' 라는 말처럼 평소 인간관계도 기존에 알고 있는 사람을 잘 관리하는 것이 최고의 인맥관리라 할 수 있다. 그러므로 사람을 대할 때 늘 긍정적 태도를 가지고 대하며, 고마운 일이 있으면 항상 전화나 이메일로 마무리하는 등 한번 맺은 인맥을 영원히 지속하도록 노력한다.

다섯째, 나를 만나는 모든 사람이 복을 받도록 노력해야 한다. 나는 누구를 만나든지 정직하고 성실하고 겸손하려고 한다. 상대방에게 절대 부담감을 주지 않고 나를 만남으로 해서 기쁘고 또 만나고 싶은 마음이 들게 하려고 한다. 사람을 만날 때 상대방을 위해서 뭘 할까, 뭘 도와줄까 연구한다. 그리고 부탁을 해오면 최선을 다해서 도와주려고 한다.

언젠가 공사장 지하실에서 누군가 피우고 남긴 담뱃재를 보았다. 바람 한 점이라도 불면 단숨에 흩어질 재였다. 그것을 손으로 만지니 먼지가 되어 없어져 버렸다. 그 순간 나도 그런 존재라는 생각이 들었다. 하나님이 훅 불어버리면 한 점 흔적도 없이 사라질 사람. 나는 만나는 사람의 99%가 나보다 낫고 훌륭하다고 생각한다. 그

나는 긍정을
선택한다

러니 항상 감사하다. 늘 하루하루를 황송하고 감사하는 마음으로 산다.

부하직원은 미래의 자원이다

대기업의 인사부장이었던 박 부장은 부하직원의 잘못으로 사표를 쓰게 되었다. 직속 부하직원이 거액의 공금을 횡령하고 도망가는 바람에 박 부장이 모든 책임을 져야 했다. 회사에서 윗사람과 아랫사람 모두에게 신임과 능력을 인정받던 박 부장이었던지라 그의 사퇴는 모든 사람들에게 충격이었다. 모두들 그가 최고 임원이 될 것이라고 생각했다. 그의 나이 53세였다. 박 부장은 꼬박꼬박 생활비를 보내드려야 하는 고향의 부모님과 앞으로 출가시킬 두 딸, 해외유학 중인 아들을 생각하면 그저 막막하기만 했다. 그는 수면제를 먹지 않고서는 잠을 자지 못할 정도로 초조하고 불안했다.

퇴임을 며칠 앞둔 어느 날, 한때 부하직원이었던 M이 저녁식사를 하자고 연락해왔다. 그는 예전에 자신과 10년간 일했던 엔지니어로 5년 전 벤처회사를 차리겠다고 독립해서 나간 직원이었다. 저녁식사 자리에서 M은 이미 그의 퇴임 소식을 들었는지, 자기 회사에서 마침 대표를 영입하려고 하는데 그 자리로 와달라고 정중하게 제의를 해왔다. 비록 한때의 상사였지만 M은 마음속으로 늘 박 부장을 친형님 이상으로 여기며 평생 동안의 상사로 존경하고 있었다.

20여 년 전, M이 회사에 입사해서 그의 부하직원으로 일하고 있을 때였다. 박 부장은 신입사원 M의 얼굴이 어두운 것을 보고 저녁에 따로 불러 고민거리가 있느냐고 물었다. 한참을 망설이던 끝에 M은 결혼을 앞두고 신혼살림집을 차려야 하는데 전세금을 마련할 수 없다고 고민을 털어놓았다.

5년간 연애 끝에 여자집에서 겨우 승낙을 받긴 했는데 집안 형편이 어려워 전셋집조차 구할 형편이 못 된다고 했다. 결혼을 미루고 있는데 여자 집안에서 계속 재촉을 해오는 모양이었다. 집안 형편이 어려워 보증해줄 사람도 없고 담보로 대출받을 상황도 아니라고 했다. 그의 고민을 들은 박 부장은 며칠 뒤 부하직원을 따로 불러 OO 은행 지점장을 찾아가보라고 했다. 자신의 동창인데 이미 전화를 해 놓았으니 가면 최대한 도와줄 거라고 했다. M은 박 부장의 도움으로 대출을 받아 그해 연말 사랑하는 여자와 결혼식을 올릴 수 있었다. 박 부장은 M뿐만 아니라 다른 부하직원들에게도 어려운 일이 있거나 고충이 있으면 은행이나 관공서 등 자신의 인맥을 최대한 동원하여 도와주곤 했다.

이렇게 부하직원으로 인해 인생역전한 사례는 수없이 많이 있다. S는 대기업 부장으로 근무하던 중 첨단 제조업체인 중소기업의 대표이사로 스카우트되었다. 그러나 3년 만에 M&A로 인해 대표이사직에서 물러나게 되었다. 그의 나이 55세였다. 다시 새로운 곳으로 옮겨가려고 해도 대표이사는 일 년 동안은 같은 업종으로 갈 수 없도록 금지되어 있었기에 꼬박 일 년 동안 놀고 있어야 했다. 그렇다고 생소한 분야에는 갈 수 없었다. 또 일 년 후에 딱히 좋은 자리가 생긴다는 보장도 없었다.

그가 우울한 마음으로 임기를 마치고 퇴임하는 날, 부하직원이었던 P가 자신이 새로 만든 회사의 대표로 와달라고 제의를 해왔다. 겉으로는 통신회사였지만 동시에 S가 했던 일도 추진하는 다기업 형태의 탄탄한 중소기업이었다. 6년 전 3억 원을 출자한 그 회사는 S가 회사의 대표로 가게 된 3년 뒤 상장을 하게 되면서 50억 원 이상의 개인적 자산소득을 올리게 되었다.

한때 S의 부하직원으로 있던 P가 교통사고로 다리와 허리 등을 크게 다쳐 대수술을 받는 바람에 회사를 그만두고 장기간 치료를 받고 있을 때였다. S는 P가 비록 회사를 그만두었지만 이따금 개인적으로 찾아가 위로도 하면서 치료비에 보태쓰라고 200만 원이 든 봉투를 건네주었다. 그리고 빨리 기운내서 새 일을 하라고 자주 전화로 힘과 용기를 주곤 했다. 부하직원은 가장 힘들 때 자신을 격려해 준 S를 평생 잊지 못하였다. 이후 부하직원은 몸이 회복되어 중소기업의 창립 멤버가 되었고 S의 퇴임 소식을 듣고 자신이 설립한 통신회사의 대표로 모셔가게 된 것이다. 하마터면 실직자가 되어 집에서 영영 쉬게 될 뻔한 S였지만 이번 기회에 부하직원이 몇 백 배로 갚아 되돌려 준 셈이다.

부하직원들이 나가서 좋은 곳에 자리를 잡거나 또한 잘 나가는 회사를 차려 상사를 스카우트하는 경우가 많은데 그들에게 이런 일이 일어난 것은 단지 운이 좋아서가 아니다. 그들이 이런 대우를 받을 수 있었던 것은 평소 부하직원들에게 좋은 상사였기 때문이다. 그들은 자신이 상사로 있을 때 부하직원들에게 따뜻한 관심을 가지고 그들의 고충과 불편한 점을 들어주고 해결해주려고 애쓴 것이다.

비록 회사에서 이런저런 사정으로 퇴임한다고 할지라도 후배직원으로부터 존경을 받아왔던 상사는 퇴임을 하자마자 기다렸다는 듯 모셔가는 곳이 생긴다. 그러나 반대로 부하의 공을 자기의 공으로 가로채는 등 부하직원을 자기 출세의 디딤돌로 삼는 사람은 훗날 이직할 때 후배들이 결정적인 걸림돌이 될 수 있다는 것을 명심하라.

좋은 상사는 부하직원의 공을 가로채는 게 아니라 도리어 자신을 디딤돌로 부하가 출세할 수 있도록 도와주는 사람이다. 부하직원을 격려하여 동기를 부여해주고, 아이디어를 창출할 수 있도록 자신감을 심어주고, 의욕을 부추겨서 부하가 승진할 수 있도록 적극 도와주는 사람이다.

부하직원이 어려움을 당하거나 혼자 해결하지 못하여 고민하고 있으면 자신의 인맥을 동원해서라도 어려움을 해결할 수 있도록 적극 노력하라. 어느날 당신이 갑자기 어려운 상황에 처하게 될 때 그들이 연금보험이나 상해보험 이상으로 당신의 삶을 보장해줄 날이 있을 것이다. 부하나 후배는 잠재적인 미래의 자원이라 할 수 있다.

아내를 좋은 친구로 만들어라

남편의 정년퇴직과 함께 부인이 이혼을 요구하는 황혼이혼이 점점 늘어나고 있다고 한다. 그러나 이제는 황혼이혼까지 기다리지 못하고 대입이혼이 증가하는 현실이라고 한다. 정년퇴직까지 기다리지 못하고 아이가 대학에 들어가면 부인이 이혼을 요구한다는 것이다. 남편이 처자식 먹여 살리느라 가정에 소홀했던 것이라고 아무리 항변해봐야 이미 늦다. 일에만 매달려 가정을 소홀히 하다 정년퇴직 후 아내와 자녀들로부터 외면당한 사람들을 종종 주위에서 보게 되는데 참으로 안타깝다. 자신이 젊은 날 그토록 열심히 지어놓은 둥지가 아무리 크고 높은 곳에 있더라도 그것이 빈 둥지라면 무슨 의미가 있겠는가.

특히 노후를 함께할 수 있는 배우자는 어떤 재산이나 적금보다 가장 따뜻하고 든든한 방주임을 기억하라. 인생 여정에서 가장 가깝고 소중한 사람은 부인이고 남편이다. 아무리 속 썩인다 할지라도 결국 똥오줌 받아내주는 사람은 자식 며느리가 아니라 부인이다.

부인과 함께할 수 있는 취미를 만드는 것도 중요하다. 나이가 들면 갑자기 함께하는 시간이 많아지는데, 집에 함께 있는 것이 고역

이 되어서는 안 된다. 나이 들어서 취미생활을 하고 시간을 함께 보내겠다는 생각은 잘못된 계산이다. 젊어서 시간을 함께하지 않은 부부는 나이 들어 아무리 취미생활을 함께하려고 해도 도리어 함께 있는 시간이 불편하고 어색하다. 취미생활을 하고 싶거든 지금부터 준비해서 그 즐거움을 서서히 익혀가야 한다.

또한 힘들 때 함께했던 아내에게 늘 고마운 마음을 잊지 않도록 하라. 그리고 결혼기념일과 생일에는 반드시 작은 선물이라도 하라. 나는 힘든 시절을 나와 함께해준 아내에게 늘 고마운 마음을 가지고 있다. 만일 그때 아내가 나와 결혼해주지 않았더라면, 오늘의 류태영은 없을지도 모른다는 생각을 하며 아내를 바라본다. 그러면 아내의 존재가 늘 고마울 수밖에 없다. 힘들 때, 어려울 때, 가난할 때 함께했던 아내의 존재를 결코 무시해서는 안 되며 그 고마움을 잊지 말아야 할 것이다.

"승자는 패자보다 더 열심히 일하지만 여유가 있고,
패자는 승자보다 게으르지만 늘 바쁘다고 한다."
- 시드니 해리스

남이섬의 대표인 강우현 씨는 남이섬의 소유주로부터
남이섬을 개발해달라는 제의를 받았을 때
이미 어느 대학의 교수로 가기로 예정되어 있던 상황이었다
그럼에도 교수자리를 포기하고, 빚더미를 안고 침몰해가는
남이섬의 사장을 맡기로 했다.
그는 자신의 능력을 발휘해볼 기회로 여기고
흑자가 날 때까지 월급을 100원씩만 받겠다고 했다.
대신 그가 뭘 하더라도 그 어떤 간섭도 해서는 안 된다는 조건과
일 년 내로 매출을 두 배로 올릴 텐데 그렇게 되면
남은 돈은 자신의 마음대로 쓰겠다는 조건을 내걸었다.
그는 자신만의 독특한 아이디어를 가지고
남이섬 개발에 대성공을 거두어 연봉 1,200원짜리 사장에서
4년 만에 억대연봉자가 되었다.

개인 가치를 높여라

눈앞의 연봉에 연연하지 말라

스웨터 수입상 직원으로 의류업계에 뛰어들어 미국 섬유업계에서 1위를 달리고 있는 바이디자인(By Design)의 제이 리(Jay Lee) 사장으로부터 강의 요청을 받아 뉴욕에 간 적이 있다. 제이 리 사장은 한국에서 디자인과를 졸업하고 의류제조 회사의 검수요원으로 있다가 미국 의류회사로 스카우트되어 일하고 있었다. 그곳에서 그녀의 뛰어난 패션 감각과 능력을 지켜본 이태리의 큰 의류업자가 300만 불을 투자하여 자기가 자본을 책임질 테니 회사를 공동설립해 운영하자고 제의해서 미국에 바이디자인을 설립하게 되었다.

회사 설립 후 제이 리는 유능한 인재를 스카우트해서 사장인 자기보다 훨씬 더 많은 월급을 주었다. 스카우트된 인재는 사장보다 자신의 월급이 더 많은 것을 알고 사장에게 자기보다 더 많은 연봉이 돌아가도록 하겠다며 심혈을 기울여 기업을 급성장시켰다.

나는 그 회사가 미국에서 가장 큰 의류회사이므로 순이익도 엄청날 거라고 생각했다. 그러나 전혀 의외였다. 회사의 이익 중 일 년 매출액이 5,000억 원이면 순이익이 1억 원이라고 했다. 매출 5,000억 원에 순이익이 고작 1억 원이라니, 내가 말도 안 되는 기업경영이 아니냐고 반문하자 제이 리는 3,000억 원 매출에 500억 원의 이익보다는 비록 순이익이 적더라도 매출액이 높은 게 더 행복하다고 했다.

"기업의 가치가 올라가기 때문이죠."

매출액이 늘어남으로써 당기 순이익은 0.1%지만 기업 가치는 20% 이상 올라갔다는 것이었다. 회사에는 눈에 보이는 수입과 눈에 보이지 않는 수입인 기업가치의 상승이 있는데 그 유능한 CEO는 그것을 볼 줄 아는 눈을 가지고 있었다. 사장의 예견대로 그 회사의 기업 가치는 10조 원에서 30조 원으로 올라갔다. 훌륭한 사장은 당장의 순이익보다 기업가치의 상승에 경영의 초점을 맞춘다.

개인도 마찬가지로 자신의 개인가치를 쌓아올려야 한다. 사람들은 연봉을 많이 받아야 자기 가치가 높은 줄 안다. 연봉 1억 2천만 원을 받는 사람이 5천만 원을 주겠다고 하면 기절초풍을 할 것이다. 그러나 5천만 원을 받더라도 개인가치가 올라가는 일이라면 그 일을 택하라. 당장은 연봉이 적어 손해인 것 같지만 긴 안목으로 봤을 때 자신의 브랜드가치를 올리는 일이라면 그 일을 택하는 것이 현명하기 때문이다.

세계적인 광고회사 사치앤사치(Saatchi & Saatchi)의 CEO인 케빈 로버츠(Kevin Roberts)는 열여섯 살 고등학교 시절에 여자친구를 임신시켰다는 죄목으로 학교에서 퇴학당했다. 졸지에 가장이 된 그는 화장품업체 매리퀸트 코스메틱스 회사에 가서 "어떤 일이든 반값만 받고 일하겠다"는 조건으로 일을 시작했다. 이후 그는 기발하고도 엉뚱한 아이디어로 승부를 건다. 여성 소비자의 마음을 느끼기 위해 직접 마스카라를 칠하고 립스틱을 발랐다. 그리곤 키스를 해도 지워지지 않는 방수 립스틱과 비가 와도 견디는 방수 마스카라로 구성된 화장품 시리즈를 탄생시켰다. 역발상의 경험과 창조적 마케팅으로 그는 펩시콜라 캐나다 법인 사장을 거쳐 1997년부터 세계 4위의 광고회사 사치앤사치를 이끄는 CEO가 되었다.

남이섬의 대표인 강우현 씨는 남이섬의 소유주로부터 남이섬을 개발해달라는 제의를 받았을 때 이미 어느 대학의 교수로 가기로 예정되어 있던 상황이었다 그럼에도 교수자리를 포기하고, 빚더미를 안고 침몰해가는 남이섬의 사장을 맡기로 했다. 그는 자신의 능력을 발휘해볼 기회로 여기고 흑자가 날 때까지 월급을 100원씩만 받겠다고 했다. 대신 그가 뭘 하더라도 그 어떤 간섭도 해서는 안 된다는 조건과 일 년 내로 매출을 두 배로 올릴 텐데 그렇게 되면 남은 돈은 자신의 마음대로 쓰겠다는 조건을 내걸었다. 그는 자신만의 독특한 아이디어를 가지고 남이섬 개발에 대성공을 거두어 연봉 1,200원짜리 사장에서 4년 만에 억대연봉자가 되었다.

자칫하면 사장(社長)에서 사장(死藏)이 될 뻔했음에도 그는 눈앞의 연봉에 연연하지 않고 예술과 사업을 자연과 접목시켜 하나의 새로운 관광문화사업을 일으켰다. 그리고 자기 자신을 탁월한 브랜드로 자리매김했다.

자기의 브랜드가치는 자기가 구상하고 신경을 써야 한다. 그러기 위해서는 자기의 브랜드가치를 올려놓는 방법이 무엇인지부터 알아야 한다. 브랜드가치가 올라가면 현재 연봉보다 다섯 배, 열 배를 주겠다는 사람이 줄을 선다. 그러나 현재 눈에 보이는 수입에만 연연하고 신경 쓰는 사람은 발전할 수 없을 뿐 아니라 퇴직 후에도 갈 곳이 없다.

자신의 개인가치를 나타낼 때는 객관적으로 나타낼 수 있어야 한다. 가령 사과의 당도를 표시할 때도 그저 달다고 표시하는 게 아니라 당도 12. 9 등의 숫자로 표시하는 것이 객관성이 있다. 이처럼 사람도 객관적으로 자신의 브랜드가치를 표시할 수 있어야 한다. 그저 "나는 자신 있다"라고 하면 먹히지 않는다. 불가능한 것을 가능케 한 실적을 이야기해야 한다. 자신의 실적, 업적 등을 구체적이고 객관적으로 입증하고 나타낼 수 있어야 한다.

자신의 브랜드가치를 높여 자신을 알린다는 것은 나만의 특기,

나만의 개성, 나만의 경험으로 자신을 특화시켜 '나'를 파는 행위다. 평소 폭넓은 전문지식과 아이디어를 쌓아놓으면 언젠가는 반드시 그것을 활용할 기회가 온다. 한 분야의 전문가가 되면 퇴직을 두려워하지 않는다.

개인가치는 하루아침에 쌓아지는 게 아니다. 그 분야의 많은 직·간접 경험을 통해 정보를 수집하고 남에게 자기 자신을 가장 돋보이게 할 수 있도록 자기를 만들어야 한다. 그러려면 철저한 계획이 있어야 한다. 옷 한 벌을 제작하는 데도 옷감과 디자인, 색상 등을 고려해서 만들지 않는가? 자신의 인생을 명품으로 만들지, 싸구려 모조품으로 만들지는 자신에게 달려 있다. 당장의 연봉이 문제가 아니다. 긴 안목으로 자신의 인생을 내다볼 줄 아는 지혜가 필요하다. 명품에 목숨 걸지 말고 자기 자신을, 자신의 인생을 명품으로 만드는 일에 목숨 걸어라.

컨버전스형 인재가 되라

컨버전스(Convergence) 바람이 불고 있다. 컨버전스란 하나의 제품이 서로 다른 두 개 이상의 기능을 갖거나 두 개의 제품이 하나로 통합된 것을 말한다. 핸드폰 하나로 텔레비전 시청은 물론 카드결제가 되는 것처럼, 컨버전스는 두 가지 이상의 기능이 합쳐져 업그레이드되거나 새로운 것으로 재창조되는 것이다. 이런 현상은 사회, 경제, 문화, 비즈니스 등 여러 분야로 점점 확산되고 있다. 보험상품도 이제는 단일한 한 종류의 보험이 아니라 여러 보험상품을 하나로 묶어놓은 컨버전스 보험이 유행하고 있다.

전자제품의 경우 김치냉장고가 와인 저장 기능까지 수행하는가 하면 가스레인지가 살균건조 기능까지 겸하기도 하고, 밥솥 하나만 하더라도 밥 외에 죽이나 누룽지, 스파게티와 떡볶이까지 다양한 조리가 가능하다. 이제는 밥솥도 단지 밥만 잘했다간 부엌에서 쫓겨날 판이다.

사람도 마찬가지다. 컨버전스 시대에 살면서 한 가지 일에만 능통한 전문가는 이제 더는 환영받지 못한다. 아무리 외국에서 박사학위를 받은 전문가라고 하더라도 한 분야에서만 기능을 발휘했다가는 얼마 못 가 낡은 전자제품처럼 회사에서 밀려날 수밖에 없다.

현대사회는 자신의 전문분야에만 정통한 I자형 인재보다 자신의 전문분야는 물론 다른 분야까지 폭넓은 지식과 이를 응용할 수 있는 능력을 겸비한 T자형 인재가 각광받고 있다. 나는 이보다 더 앞서 나아가 고성능의, 다기능적인 컨버전스형 인재가 되라고 말하고 싶다. 컨버전스 시대에는 컨버전스형 인재가 미래를 이끌어가는 리더가 될 것이기 때문이다.

100만 원을 호가하는 고성능 핸드폰 신제품은 높은 가격에도 불구하고 출시되자마자 없어서 못 파는 정도라고 한다. 이처럼 사람도 철저히 고성능, 고기능적인 인간이 돼야 한다. 한 사람의 인재가 기업을 살리는 시대에 이런 고성능의 다기능적인 인재는 서로 못 데려가서 안달이다.

컨버전스 인재는 사회가 요구하는 것을 민감하게 반영하여 늘 새로운 아이디어를 창출해낼 줄 알아야 한다. 또한 그것을 기존 사업에 접목시키거나 새로운 아이템으로 실용화시킬 수 있어야 한다. 그러기 위해서는 고정관념을 깨고 평소 기존관행이나 질서에 의문을 제기하고 창조적인 아이디어를 발상해낼 수 있는 능력이 필요하다.

신선하고 멋진 아이디어는 동전을 넣고 버튼을 누르면 저절로 튀어나오는 자판기 커피가 아니다. 이런 능력은 앞서 강조했듯이 모든 일에 관심을 가지고 '나라면 어떻게 할 것인가' 하는 마음과 새로운 시선으로 늘 아이디어를 창출하는 연습을 해야 나온다. 작은 아이디어의 씨앗에 꾸준히 물을 주고 가꾸고 배양하는 사람에게서 나온다. 아이디어는 눈덩이와 같다. 처음에는 작더라도 굴리면 굴릴수록 커진다. 작은 아이디어라고 무시하지 말고 늘 그것을 머리에 담고 다니면서 자꾸 굴려보라.

글로벌 시각을 가지자

아무리 자기 분야에서 뛰어나더라도 국제적 감각이 떨어지면 앞으로는 어렵다. 정치, 외교, 경제, 무역, 군사, 사회적으로 큰 활약을 하기 위해서는 국제적 비전, 국제적 마인드, 국제적 시각, 국제적 매너 같은 것들을 배우고 키워야 한다. 진정한 의미의 국제화 혹은 세계화란 개개인이 국제사회의 일부란 인식을 가지고 국제사회를 이해하며 세계인의 일부로서 살아가는 것을 말한다.

그 중 가장 필수적인 것은 외국어 실력이다. 네덜란드는 우리나라의 경상남북도를 합친 정도의 면적에 인구 1,500만의 작은 나라이지만 무역 물량 처리 면에서 세계 제1위를 점하고 있으며, 전 세계 100대 기업 중 8개가 이 나라 기업이다. 그 원동력은 어디서 왔을까? 그것은 바로 외국어 실력이다. 네덜란드 국민은 모두가 외국어 공부를 열심히 한다. 초등학교 1학년부터 영어를 가르치는데 화물을 잔뜩 싣고 고속도로를 달리는 트럭 운전기사도 유창한 영어를 구사할 줄 안다고 한다. 그 트럭 운전기사는 자기의 모국어인 네덜란드어, 영어, 독일어, 프랑스어 4개 국어를 하는데 현재 이태리어를 배우고 있단다. 이 나라는 "작지만 위대한 나라"로 세계무대에 등장하고 있다.

국제화 시대에 영어는 기본이고 이외에도 할 수 있는 한 많은 외국어를 공부해놓는 것이 필요하다. 최근 신문에 50대 기업인이 45번 도전 끝에 토익 만점을 받았다는 기사가 실렸다. 그 50대 후반의 중소기업 사장은 토익시험에 꼭 만점을 맞아보겠다며 51세부터 매달 토익시험에 응시하여 45번이나 시험을 치러 마침내 꿈을 이뤘다

나는 긍정을
선택한다

는 것이다. 그가 계속 고득점을 기록하자 두바이에 있는 대형 물류업체에서 싱가포르 현지사장으로 와달라는 스카우트 제의가 들어오기도 했다. 그는 이 제의를 거절했지만 해외업체의 관심을 얻은 것만으로도 큰 자신감을 얻을 수 있었다.

한국에서 재정전문가로 일하는 사람이 있었다. 그는 중국에 출장을 갔다가 우연히 중국에서 가장 큰 증권회사 회장을 만났다. 그는 그 증권회사에 대해 평소 자신이 가지고 있던 생각과 금융계의 미래에 대해 자신의 의견을 피력했다. 비록 간단한 의견이었지만 그의 충고는 새롭고도 핵심을 꿰뚫은 정확한 지적이었다. 증권회사 회장은 그 자리에서 "당신과 함께 일하고 싶다. 합작으로 하든지, 연봉으로 하든지 원하는 대로 해주겠다"며 파격적인 스카우트 제안을 했다. 이는 그가 단지 운이 좋아서가 아니라 자기 분야뿐 아니라 평소 국제적인 감각과 시각으로 세상을 바라보는 공부를 하면서 세계 시장의 경제 흐름을 꿰뚫고 있었기 때문이었다.

마지막으로 국제적 매너, 문화와 생활태도 등도 익혀야 한다. 나는 교육과 사업관계로 미국, 덴마크, 이스라엘을 비롯한 전 세계 많은 나라를 두루 다녀보고, 그곳에서 살아보기도 했다. 세계의 각 나라를 다녀보고 가장 절실하게 느낀 점은 이들의 생활태도나 사고방식이 우리나라와 너무나 다르다는 것이었다. 대체로 선진국 사람들은 자기를 먼저 생각하지 않고 남을 먼저 생각한다. 그리고 서두르지 않고 급하지 않으며 질서를 지키고 사고와 행동에 여유가 있다.

남에게 폐가 되는 행동은 잘 하지 않는다. 남을 돕는 일에, 특히 약한 자와 거동이 불편한 자를 돕는 일에 자발적으로, 적극적으로 나선다. 한마디로 남과 더불어 살려고 애쓴다.

새로운 문화와 행동방식은 금방 배워지는 게 아니다. 할 수만 있다면 많은 경험을 하는 것이 좋다. 유학을 가고 외국 회사도 다니고 기회가 있으면 국제단체에서 일할 기회를 찾으라. 새로운 문화에 적응하고 동화하기 위해서는 노력과 훈련이 필요하다. 무엇보다 올바른 도덕관, 상호 존중과 용서의 정신, 자기보다 남을 먼저 배려하고 존중하는 생활태도 등은 국제화 시대에 필수요건임을 명심하고 평소 이런 매너와 감각을 익히도록 해야 한다.

나이를 핑계로 절대 현실에 안주하지 말라. 당신에게 어떤 기회가 주어질지 모른다. 국제사회 속에서 일하는 자신의 모습을 그리며 비전을 품고 꿈을 키워나가라. 시야를 넓혀 세상을 바라보라.

가슴이 따뜻한 사람이 되자

아무리 유능하고 창의적인 인재라 하더라도 휴머니즘이 없으면 그 사람은 로봇과 다를 바 없다. 인간에 대한 따뜻한 마음, 상대방을 배려할 줄 아는 마음, 이런 휴머니즘이 결여된 사람은 기능이 작동되는 동안만큼만 그저 사람들에게 쓰임 받다 더 쓸모가 없으면 고철

더미처럼 버려진다. 아니, 고철보다 못해 재활용으로도 안 가져가려고 할 것이다. 한때 잘 나가던 사람이 가족과 주위 사람에게 버림받아 폐인처럼 지내다 시립병원에서 홀로 죽음을 맞이하는 경우도 더러 보았다.

21세기가 원하는 진정한 리더는 따뜻한 감성을 가지고 고독한 현대인들의 욕구를 살피고 사람들에 대한 깊은 애정과 이해로 그들의 말에 귀를 기울이며 융화할 수 있는 사람이다. 컴퓨터와 로봇이 거의 모든 것을 대신하는 세상에서 현대인은 더욱 고독해지고 삭막한 삶을 살아가고 있다. 그러나 현실이 삭막하면 할수록 인간의 마음과 감성을 자극할 수 있는 휴머니즘 산업이 더욱 각광받게 될 것이다. 이런 시대적인 요구를 민감하게 읽어내고 부응하기 위해서라도 리더 자신이 먼저 감성과 휴머니즘으로 채워져 있지 않으면 안 된다.

사치앤사치의 CEO 케빈 로버츠는 "소비자의 지갑을 열어주는 건 결국 사랑이다. 앞으로 브랜드가 살아남기 위해선 소비자들과 이성이 아닌 감성으로 연결돼야 한다"고 주장하며 고객의 마음에 감동으로 다가갈 수 있는 러브마크를 찍어야 성공할 수 있다고 말한다. 즉, 21세기의 광고 전략은 고객의 마음을 감성적으로 자극해야 한다는 것이다.

밥솥이 아무리 기능이 많다 하더라도 일단 밥솥 본연의 기능을 잃게 되면 그것은 아무것도 아니다. 인간도 인간 본연의 따뜻한 마음, 인간에 대한 이해와 사랑, 휴머니즘을 잃지 않아야 성공도 빛을 발한다. 어두울수록 별이 빛나듯 시대가 삭막해질수록 휴머니즘이 있는 인재가 진정한 리더로서 빛을 발하게 될 것이다.

"회장이 되려면 얼마나 멀었니?"

가난한 고학생 출신에서 미국 제2위 은행 뱅크오브아메리카(Bank of America)의 회장이 된 케네스 루이스(Kenneth Lewis)는 아이비리그 배경도 없고 명문가에서 태어난 것도 아니다. 그를 회장으로 만든 것은 어릴 적부터 어머니가 그의 마음속에 저축해놓은 미래에 대한 꿈과 자신감 덕분이었다.

열 살 되던 해 아버지가 암에 걸려 죽자, 루이스는 신문배달, 주유소 아르바이트, 보험외판, 구두판매 등 닥치는 대로 일하며 학비를 벌었다. 현실은 비록 힘들고 가난했지만 어머니는 루이스에게 "너는 큰일을 할 아이란다. 믿음을 잃지 말거라" 하며 끊임없이 믿음과 자신감을 심어주었다.

대학 졸업 후 뱅크오브아메리카의 전신인 노스캐롤라이나내셔널뱅크에 입사하여 처음으로 정규직을 갖게 되자 어머니가 루이스에게 던진 첫마디는 **"회장이 되려면 얼마나 멀었니?"**였다. 그의 어머니는 루이스가 항상 모든 걸 이뤄낼 수 있으며, 마치 방탄복을 두른 듯 강한 사람이란 사실을 늘 일깨워주었다.

이후 루이스가 매니저, 수석 부사장, 대표로 승진의 사다리를 오를 때마다 그의 어머니는 한결같이 회장이 되려면 얼마나 멀었는지 물었다. 루이스는 "나는 아이비리그 배경도 없고 명문가에서 태어난 것도 아니다. 그러나 이 회사는 내게 싸울 기회를 주었다"고 말한다. 루이스가 회사에서 결코 쓰러지지 않고 최후 승자가 될 수 있었던 것은 바로 그의 어머니가 입혀놓은 자신감이란 방탄복 덕분이었다.

사장이 될 것이라는 마음을 먹고 근무하는 것과 단지 사원으로 일하는 것은 천지차이다. 그저 해고되지나 않고 월급이나 더 받겠다는 자세로 일하는 사람은 얼마 안 되어 집단에서 소외된다. 그러나 자신이 회사의 오너가 된다는 마음가짐으로 일하는 사람은 태도부터 다르다.

삼성그룹의 이건희 회장은 같은 직장을 다니더라도 회사에 꼭 필요한 핵이 되는 사람이 있는가 하면 많은 사원 중의 하나, 즉 점이 되는 사람이 있다고 했다. 핵이 되는 사람은 문제가 생기면 '나라면 어떻게 할 것인가?' 생각하고 문제의 본질을 파헤치고 책임을 다하면서 지시를 받기 전에 먼저 일을 찾아서 한다. 주인의식을 갖고 하니 의욕과 창조성도 넘친다. 그러나 점이 되는 사람은 반대로 주인의식이나 '왜'라는 문제의식이 없이 시키는 대로만 일을 하니 점이 될 수밖에 없다.

회사의 핵이 되고 싶다면 '내가 사장 아들이다', '창립자의 아들이다', '장차 내가 이 회사를 경영할 사람이다'라는 자세로 일하라. 그리고 일을 하면서 언제나 '왜 그럴까?', '어떻게 할까?'라는 질문을 던지면서 기발한 착상이 떠오르면 실행 가능한 것으로 만들라. 이렇게 두세 달 모아 놓으면 보고서가 된다. 그러면 개혁안을 내놓으라. 받아들여지는 것도 있고 쓰레기통 속에 들어가는 것도 있을 것이다. 그러나 쓰레기통 속에 들어가더라도 그 사람은 발전한 것이다. 보고서를 썼다는 것 자체가 엄청난 발전이다. 그런 사람은 확실히 발전하고 달라진다. 5년, 10년 후 그런 사람과 그렇지 않은 사람과는 큰 차이가 난다.

자신이 하고 있는 일에 최선을 다하면서 내가 장차 회사의 오너가 된다는 주인의식을 가지고 미래에 대한 자신감과 확신을 가지고 일하는 사람은 어느새 자기도 모르게 회사의 핵이 되어 있을 것이다.

나는 긍정을
선택한다

"실패한 고통보다
최선을 다하지 못했음을 깨닫는 것이
몇 배 더 고통스럽다."
- 앤드류 매튜스

재취업을 하는 기업에서
자신이 원하는 만큼의 대우를 해주지 않더라도
실망하거나 포기하지 말고,
대학을 갓 졸업한 사람의 마음을 가지고
일단 그 분야에서 처음 일하는 사람의 마음가짐으로
다시 일을 시작하라.
처음부터 대우받을 생각하지 말고 부당하다고 생각되더라도
일단 일을 시작한 후 자신의 능력을 나타내 보임으로써
대우받을 생각을 하라.
단, 일을 할 때 자신이 월급을 받는 종업원이란 생각을 버리고
사장의 마음가짐을 가지고 일하라.
일하는 태도부터 달라질 것이다.
이렇게 열심히 일하면 절로 다른 사람의 눈에 띄게 되고
인정받게 된다.

내 일은 내가 만든다

퇴직 후 새 일을 찾을 때 꼭 같은 종류의 일만 하려고 하지 말고 180도 바꾸어 생각해보는 지혜가 필요하다. 물구나무를 서면 다른 세상이 보이듯 생각을 바꾸면 새 일이 눈에 보이게 된다.

가령 은행을 다니다가 명퇴한 사람이 있다고 가정하자. 은행에서 기업대부 심사를 맡은 사람이 명퇴하였다면 굳이 은행에 들어가려고만 하지 말라. 반대로 은행에 돈을 빌리러 가는 회사의 입장에서 생각하여 그러한 업체에 들어갈 계획을 세워보라. 요즘은 거의모든 회사마다 은행대출을 필요로 하는데, 이러한 기업체에 찾아가대출에 필요한 구체적 조언을 해주고 자신의 능력을 알려보라. 가령

대출에 필요한 서류나 대출을 쉽게 받을 수 있는 방법을 알려주면 은행대출을 필요로 하는 회사에서는 당신 같은 사람이 꼭 필요할 수 있다.

자신이 그간 일했던 직장이나 일을 절대 무시하지 말라. 본인은 그동안 자신이 했던 일이 아무것도 아니라고 생각할지 모르지만 남들에게는 특별하다. 180도를 바꿔도 보이지 않으면 360도 완전히 뒤집어 생각하라. 360도는 0도, 즉 원점에서 다시 시작하라는 이야기다. 만일 재취업을 하는 기업에서 자신이 원하는 만큼의 대우를 해주지 않더라도 실망하거나 포기하지 말고, 대학을 갓 졸업한 사람의 마음을 가지고 일단 그 분야에서 처음 일하는 사람의 마음가짐으로 다시 일을 시작하라.

처음부터 대우받을 생각하지 말고 부당하다고 생각되더라도 일단 일을 시작한 후 자신의 능력을 나타내 보임으로써 대우받을 생각을 하라. 단, 일을 할 때 자신이 월급을 받는 종업원이란 생각을 버리고 사장의 마음가짐을 가지고 일하라. 일하는 태도부터 달라질 것이다. 이렇게 열심히 일하면 절로 다른 사람의 눈에 띄게 되고 인정받게 된다.

한때 현대중공업에서 가용접 분야의 내로라하는 장인으로 이름을 날렸던 K는 1994년 30년간 일한 직장을 떠나야 했다. 당시 그의 나이 57세. 매일 나가던 직장이 한순간에 사라지니 무엇을 해야 할지조차 몰랐다. 아직 건강하고 20년은 더 일할 자신이 있는데 직장을 잃고나니 허무하기만 했다. 그러나 주저앉지 않고 무슨 일이든 시작하리라 마음먹고 조선 협력업체에 재취업을 했다. 젊은이들이 힘든 조선 일을 꺼리는 터라 일자리는 쉽게 얻을 수 있었지만 적응이 생각보다 쉽지 않았다. 상대적으로 나이가 많다는 이유로 소외받기 일쑤였고, 임금에서도 차별이 심했다.

그는 '이 정도 일이라면 퇴직한 우리 동료들도 충분히 할 수 있다. 우리들이 뭉쳐 노병의 파워를 보여주자'는 생각이 들었다. 기술력에서만은 누구보다 뒤지지 않을 자신감이 있었던 그는 가족들의 반대에도 불구하고 퇴직금을 몽땅 털어 2001년 4월 퇴직한 동료 열두 명을 모아 회사를 설립했다. 선수(船首), 선미(船尾)에 들어가는 블록을 조립해 현대중공업 1차 협력업체에 납품하는 2차 협력업체로 일을 시작했다. 정년퇴직 7년여 만에 창업주로 변신한 것이다. 체력면에서는 젊은이들을 따라갈 수 없었지만, 기술력에서 만큼은 어디 내놔도 손색이 없는 그들이었다.

얼마 후 현대중공업 1차 협력업체인 OO기계에서 대형선박 블록용 철구조물 작업물량을 처리해 달라는 주문이 날아왔다. 창업 후 그들에게 주어진 첫 번째 임무였다. '환갑을 넘긴 노인네들이 얼마나 잘 할 수 있을까' 하며 협력업체에서는 반신반의했다. 하지만 직원들은 자신의 갈고 닦은 기술을 십분 발휘했다. 납기일에 맞춰 한치의 오차 없이 작업한 부품을 제공하자 OO기계 관계자들이 놀랐다.

납기일을 준수하여 완벽한 제품을 선보이자 주문이 늘어나기 시작했다. 납기일 준수와 섬세한 작업이라는 실력을 인정받아 주문이 늘어나면서 연간 매출도 늘었고 순이익이 나기 시작했다. 이익도 어느 정도 생기고 현장 경험을 가진 베테랑 노병이 있어 이후부터 젊은이들이 그 회사를 취업하고자 했지만, K사장의 창업정신에 따라 입사자격을 60세 이상 퇴직자들로 제한해놓았다. 현재 직원의 대부분이 현대중공업 등에서 일하다가 정년퇴직한 사람들로 평균연령이 65세, 최고령자가 71세다. 이 중 최고령자인 전OO씨는 "이 나이에 일할 수 있는 기쁨은 무엇과도 바꿀 수 없다"며 "건강과 인생을 되찾은 것 같다"고 말했다.

무엇보다도 이들이 한목소리를 내는 것은 마음 맞는 동료들과 함께 즐기면서 일할 수 있다는 점이다. K사장은 "출근하고 싶은 회사, 즐거운 일터로 만들려고 노력한다"며 "비슷한 연령대다보니 일의 호흡도 잘 맞고, 회식을 해도 즐겁다"고 말했다. 새 일을 시작하는 데 나이는 문제가 되지 않는다. 문제는 적극적이고 긍정적인 도전정신이다. 구인광고란에 있는 직업만 직업은 아니다. 내가 얼마든지 새 일을 창출하고 직업을 만들면 된다.

쑥을 심어놓고 구하러 가자

큰 저수지에 물이 빠져 열 길이나 되던 물이 무릎 정도로 줄어들면서 바닥이 드러나고 고기들이 물 밖으로 튀어 오르고 야단이었다. 지나가던 사람들이 너나없이 뛰어들어 맨손으로 고기잡이에 여념이 없었다. 그러나 한 사람만은 그런 분위기에 휩쓸리지 않고 집으로 갔다. 그러곤 다락 한 구석에 넣어 두었던 그물을 끌어내어 해진 곳을 깁고 찢어진 곳을 손질하고 있었다. 아내가 물었다.

"아니, 당신은 밖에 나가서 무얼 보았기에 갑작스레 그물을 손질하시우?"

"응, 저수지에 물이 빠졌는데 온통 고기투성이더라고."

"그럼 그걸 잡으려고 그물을 손질한다는 거에요?"

"암, 그래야 많이 잡을 수 있을 것 아니겠어?"

"당신도 참, 그물 고치는 사이에 고기 씨가 마르겠소."

아내의 투덜거림에도 그는 종일 그물만 수선했다. 해질 무렵이 되어 그는 고친 그물을 들고 저수지로 갔다. 여전히 저수지는 사람들로 아우성이었다. 그러나 물이 깊은 곳에는 사람들이 전혀 접근할 수 없었다. 그는 저수지 가운데로 그물을 던졌다. 아니나 다를까 무지하게 큰 물고기들이 그물 가득 잡혀 나왔다.

이 이야기의 교훈은 당장에 어떻게 하려는 것보다 미래를 내다보고 착실히 준비를 하라는 것이다. 퇴직을 하고나면 여기저기에서 사업을 해보지 않겠느냐는 제안을 받는 경우가 많다. 그러나 퇴직 후 준비 없이 새 일에 뛰어드는 것은 마치 어린아이가 자전거를 타고 고속도로로 달려드는 것처럼 위험하다. 아무리 바쁘고 급해도 멀리 보고 오늘을 준비해야 한다. 모두가 준비 없이 현실에 뛰어들어 한 건 해보려고 법석일 때 꾹 참고 힘을 기르고 그물을 뜨는 사람이야말로 참으로 삶을 제대로 운전할 줄 아는 사람일 것이다.

3년을 기다리며 쑥을 심는 지혜를 생각하자. 어떤 사람의 아버지가 병석에 눕게 되자 의원에게 가서 물었더니 3년 묵은 쑥대를 다려 먹으면 병이 낫는다고 했다. 이 사람은 그날부터 3년 묵은 쑥대를 구하려고 매일같이 동서남북 사방을 다녔지만 3년이 지나도 구하지 못했다. 그가 쑥을 심어놓고 쑥을 구하러 다녔다면 최소한 3년 후에는 3년 묵은 쑥을 구할 수 있었을 것이다. 이처럼 현명한 사람은 쑥을 심어놓고 쑥을 구하러 다닌다는 것이다.

퇴임 후 자신이 전혀 해보지 않은 새로운 사업을 시작할 때는 절대 섣불리 시작하지 말라. 비록 머릿속으로는 계산이 맞더라도 현실은 생각과 다르다. 만일 사업을 하고 싶으면 실전 현장에 가서 아르바이트나 종업원으로 일하면서 현장을 배워라.

창업은 누군가에게 도움을 받으려 하기보다 본인이 직접 발로 뛰고 공부하면서 체험해야 한다. 과거에 내가 무슨 일을 했느냐가 중요한 게 아니다. 자신이 일했던 직종과 완전히 다른 분야라면 반드시 먼저 종업원으로 들어가라. 밑에서 일을 배우는 머슴살이부터

나는 긍정을
선택한다

시작해야만 한다. 모르는 것에 대해서는 젊은 사람한테도 고개 숙이고 배우려는 자세가 우선되어야 한다.

"나는 화장실 청소하는 사람입니다"

"내가 대기업의 어떤 자리에 있었는데…."

"내가 연봉 얼마짜리였는데…."

"과거에 내가 얼마나 잘 나가는 사람이었는데…."

아무 일이나 하기엔 자존심이 허락하지 않고 그렇다고 집에만 있자니 인생이 허무하고 덧없게 느껴지는가? 그러나 재취업은 과거 전성기에 대한 기억을 걷어내는 데서부터 시작된다. 제2의 인생을 새롭게 살 각오를 했다면 과거는 잊어야 한다.

새 일을 찾는데 과거 자기가 어떤 사람이었는지, 무슨 자리에 있었는지, 자리만 들먹이며 이것저것 고르고 체면을 앞세우다보면 새 일을 찾기 힘들다. 과거에 집착하는 대신 잘 나가던 지난 시절은 잊고 눈높이를 낮춰 즐거움을 누릴 수 있는 일을 찾아야 한다. 그리고 보수가 적더라도 자신의 경력과 능력을 발휘할 수 있는 곳을 찾아야 한다. 잘 나가던 시절만 생각하고 그런 대우를 해주는 직장이나 사업만을 찾는다면 영영 새 일이 찾아오지 않을지도 모른다.

영풍 상호저축은행의 대표이사를 세 번이나 연임했던 전직 금융인이 택시기사로 전업해 화제가 된 사례도 있다. 그는 노년에 개인 택시를 몰겠다는 평소의 선언을 실행하면서 일하는 즐거움을 한껏 누리고 있는 중이다.

이제 환갑을 맞은 화장실 청소대행업체 사장인 L은 은행원 출신이다. 16년간 잘 다니던 은행을 그만두고 일반회사를 다니다가 사업을 시작했다. 그러나 IMF를 맞아 실패하고 말았다. 하지만 주저앉아 있을 수만은 없었다. 한 선배가 그에게 화장실 청소대행업을 추천해주었다. 처음엔 일언지하에 거절했다. 냄새나는 사업을 왜 하나 싶었던 것이다. 그런데 꼼꼼히 따져보니 괜찮은 사업이라는 생각이 들었다. 무엇보다 위험성이 없었다.

그러나 막상 이 사업을 시작한다고 하자 가족은 물론 주위 친구들까지 모두 말렸다. 점잖게 은행원 생활만 하던 사람이 어떻게 그런 3D업종에 뛰어드느냐, 그것도 하필 왜 냄새나는 사업이냐고 하면서 반대를 했다. 그러나 주변의 만류에도 그는 사업을 시작하기로 결심했다. 하지만 곧바로 사업에 뛰어들지는 않았다. 과거의 전철을 밟을 수는 없는 노릇. 사전에 철저한 준비가 필요했다.

L은 먼저 선배의 소개로 화장실과 주방의 청결 위생관리 전문기업으로 나스닥에 상장된 회사에 들어갔다. 그곳에서 무료로 일을 봐주면서 공부도 하고 현장 경험도 쌓았다. 그리고 일 년여의 준비기간을 거쳐 2001년 회사를 설립했다. 처음부터 쉬운 일은 없었다. 우선 화장실 청소대행업체 사장이라는 명함을 어디 가서 쉽게 건네

지 못했다. 배고픔보다 쑥스러움이 앞섰던 것. 하지만 그것도 잠시, 얼마 지나지 않아 그는 "나는 화장실 청소하는 사람입니다"라고 말하면서 당당하게 명함을 건넬 수 있게 됐다.

"제가 창업을 망설인 것도, 이 업종을 꺼린 것도, 체면을 앞세운 것도 다 용기가 없었기 때문이에요. 자신의 일을 갖는 데 체면이 다 뭐고, 나이가 다 뭡니까? 그 모든 것을 훌훌 던져버리고 나니까 용기와 확신이 생기더군요."

그는 이제 자신의 일에 대해 자부심을 느낀다. 화장실을 쾌적하고 깨끗한 위생공간으로 만들어 국민건강에 이바지하는 일이 자랑스럽기만 하다. 그는 자신의 포부를 이렇게 밝힌다.

"제 목표는 앞으로 5년 내에 회사를 코스닥에 상장시키는 것입니다. 그리고 난 다음에는 복지시설 같은 곳을 찾아다니면서 화장실을 청소해주는 '화장실 청소 할아버지'가 될 생각입니다."

중요한 것은 현재다. 조금만 눈높이를 낮추고 적극적인 자세로 주위를 둘러보면 얼마든지 할 수 있는 일, 당신을 필요로 하는 곳이 많이 있다. 평생 일할 각오로 어떤 일이든 즐기며 하겠다는 마음을 가진 사람에게는 정년퇴직이 없다.

세상은 아직도 당신의 손길을 기다리고 있다

　기회는 늘 우리 주변에 널려 있다. 그러나 아무나 볼 수 있는 건 아니다. 간절한 마음과 적극적인 눈으로 주위를 둘러보는 사람에게만 기회가 보이는 법이다. 건국대학 교수 시절, 축산대학에 재학 중인 학생 B가 연구실로 찾아와서 유학을 보내달라고 했다. 그 학생은 "저는 지금은 가난하지만 유대인의 생활철학과 상술을 익혀서 사업을 하고 싶습니다"라고 당차게 밝혔다.

　나는 돈이 안 들며 언어를 배울 수 있는 집단농촌 키부츠 울판 (Kibutz Ulphan, 농촌에서 하루 4시간 일하고 4시간 공부를 시켜주는 곳)을 소개해주었다. 그는 어느 정도 이스라엘어를 할 수 있게 되자 예루살렘에 있는 중국식당에 웨이터로 취직을 했다. 식당에서 먹고 자며 일을 시작했다.

　이 학생이 식당에서 일하기 시작한 지 얼마 안 돼 손님들이 줄지어 몰려오기 시작했다. 비결은 간단했다. 그가 손님들을 친절하게 모시고, 음식이 모자라다 싶으면 주방에 부탁해서 더 채워주거나 다른 음식을 덤으로 더 가져다주는 등 인심을 베풀었기 때문이다. 손님들이 고맙다고 팁을 놓고 가면 그는 팁을 주방에서 일하는 사람들과 나눠가졌다. 점점 손님들이 줄을 지어 몰려들었고, 손님들은 그 학생만 찾았다.

　어느 날 주인은 갑자기 그가 괘씸한 생각이 들었다.

나는 긍정을
선택한다

'종업원인 주제에 자기 마음대로 인심을 쓰다니…'

주인은 그를 해고하려고 했다. 그러다 가만 생각해보니 장사가 잘되고 손님이 몰려드는 것은 바로 그 학생 때문인데 만일 그를 해고하면 손님이 줄어들 것이 뻔했다. 그러면 자신이 도리어 손해였다. 그래서 주인은 마음을 바꿔 그의 행동을 모른 척하기로 했다. 그의 인기는 점점 높아져서 한 달에 팁만 해도 200만 원 정도였다.

이 학생은 2-3천만 원 정도의 돈이 모아지자 국제적으로 장사를 할 꿈을 가졌다. 그는 울판에서 알게 된 태국인 친구를 찾아갔고 그 친구와 함께 사업거리를 찾기 위해 베트남으로 갔다. 일거리를 찾으며 베트남을 돌던 중 베트남사람들이 면화농사를 짓는데 면화를 따다가 집집마다 면화씨를 받아 썩혀서 거름을 만드는 것을 보았다. 순간 그에게는 그것이 모두 돈으로 보였다. 면화씨는 축산사료 원료 중에서 가장 비쌌기 때문이다. 그들이 그것을 버리는 것을 보고 그것을 사들여야겠다는 생각을 했다.

당시 베트남 사람들의 월급이 10불 정도였으므로 그는 베트남사람을 구해 면화씨를 거두어들이라고 하였다. 그렇게 면화씨를 수십 콘테이너 수입하여 한국에 약 25배의 이익을 남기고 팔았다. 이 사실이 한국에 금방 알려져 사람들이 너도나도 베트남으로 몰려들자 그는 손을 떼고 캄보디아로 갔다.

캄보디아에 가서 이런 식으로 또 면화씨를 수입했다. 이후 또 한국사람들이 몰려들자 다시 베트남으로 왔다. 그리고 새 일을 찾다가 이번에는 면화씨 대신 배를 사서 베트남사람들을 상대로 관광선을 운영했다. 또 우리나라에서 헌 자동차, 오토바이를 사다가 그곳에 팔기도 했다. 그는 늘 새로운 '아이템'을 찾아 사업을 했고 그의 아이디어는 언제나 성공했다.

그가 끊임없이 적극적인 눈으로 관심을 가지고 주위를 둘러보았기 때문에 새 일도 눈에 띄고 돈도 보였던 것이다. 훗날 그는 내게 이렇게 말했다. 그는 단지 유대민족의 생활방식과 사고방식을 배우고 보고 느껴 그것을 써먹은 것뿐이라고. 그가 배운 유대인들의 생활방식은 다음과 같다.

첫째, 근검절약 정신이다. 그는 돈을 아끼고 근검절약하는 정신을 배워 식당에서 먹고 자고 일하면서 돈을 한 푼도 안 쓰고 모을 수 있었다.

둘째, 서비스 정신이다. 즉, 휴먼 크레디트를 배워 손님에게 최선을 다하고 대인관계를 진실하게 하여 한 사람 한 사람을 미래의 큰 동업자가 될 사람으로 여기고 모셨다.

셋째, 새로운 것을 생각하는 창의력이다. 종업원 생활을 하고 있을 때 자신의 일에 최선을 다하면서도 머릿속으로는 미래를 생각하고 늘 새로운 것을 구상했으며 때가 왔을 때 과감하게 착수했다.

넷째, 자신감이다. 그의 자신감은 타고난 것이 아니라 배운 것이었다. 내게서 자신감을 배운 그는 '나는 선택받은 사람이다'라는 자신감을 가졌고 그래서 반드시 성공할 것이라는 믿음에 넘쳐 일을 할 수 있었다.

그가 태국, 베트남 등에서 새로운 아이템의 사업을 할 때마다 성공할 수 있었던 것은 유대인에게 배운 교훈을 밑바탕으로, 고정관념을 버리고 늘 새로운 것을 시도하려는 적극적인 사고방식과 자신감 넘치는 삶을 살았기 때문이다. 편안하고 익숙한 환경을 과감히 벗어나 도전해보는 것도 필요하다. 세상은 아직도 당신의 손길을 기다리고 있다. 이미 남이 지나간 뒤를 남은 부스러기라도 주워보겠다고 따라가지 말라.

성공하려면 통찰력이 있어야 한다. 적극적인 눈으로 세상을 바라보면 미래를 예측할 수 있는 통찰력도 키워진다. 빌 게이츠는 1973년 미국의 명문대 하버드에 입학했지만 조만간 각 직장이나 가정에서 개인용 컴퓨터가 사용될 것을 예견하고 과감히 학업을 중단하고 1975년 마이크로 소프트사를 세웠다.

작은 변화일지라도 간과하지 말고 눈여겨보라. 고정관념을 버리고 시대의 조류를 살피고 새로운 시선으로 주위를 둘러보면 젊은 사람의 눈에는 보이지 않는 것이 당신의 눈에 띌 것이고 좋은 아이디어도 떠오를 것이다. 만일 그래도 아이디어가 떠오르지 않으면 그런 아이디어를 가진 사람을 찾으라. 그래서 함께 손을 잡고 일하라.

21세기는 퓨전의 시대다. 음식도 의상도 음악도 주거형태도 퓨전의 형태로 변하고 있다. 동양음식과 서양음식이 합쳐지고, 해금으로 팝음악을 연주하고, 아파트를 한옥처럼 꾸미는 등 퓨전으로 다양

화되고 있다. 커피점에서 꽃을 파는가 하면 카페에서 라면과 떡볶기를 판다.

　공학과 경영학이 만난 '테크노 경영', 의학과 공학이 결합한 '의공학' 등 성격이 다른 두 학문이 하나가 되어 새로운 학문이 생겨나듯 사업도 새로운 분야를 개척하면 더 좋겠지만 이미 나와 있는 사업이라도 시대의 흐름에 맞춰 조금 변화를 주면 얼마든지 새로운 사업이 될 수 있다는 것을 명심하라.

"당신이 할 수 없는 일이 할 수 있는 일을
방해하게 해서는 안 된다."
- 존 우드

4부

지금, 나누자

지난해 말 정년퇴직한 O씨는
일주일에 한 번씩 음성도서관에서
시각장애인을 위한 녹음 봉사와
대학병원에서 발마사지 봉사를 하고 있다.
월요일부터 목요일까지는 장애인복지관에서 배식과 설거지를 돕는다.
자원봉사를 계기로 그는 새로운 직업도 찾았다.
매주 금요일마다 과천 노인복지관에서 치매나 중풍환자를 대상으로
웃음치료에 관한 강의를 하고 있는 것.
게다가 종종 복지관에서 자원봉사 관련 강의도 한다.
그는 퇴직 이후 오히려 더 활동적으로 생활하면서
더 건강해지고 얼굴에서 웃음이 떠나질 않는다고 했다.

우리는 베푸는 사람으로 지음 받았다

나를 필요로 하는 사람들이 있다

"하나님은 우리에게 두 개의 손을 주셨다. 하나는 받는 손이고 다른 하나는 베푸는 손이다. 우리는 저장하는 창고가 아니라 베푸는 통로로 지음 받았다." 빌리 그레이엄(Billy Graham) 목사의 말이다. 우리는 남에게 도움받는 존재이자 베푸는 존재로 지음을 받았다는 말이다. 남을 돕고 베푸는 삶은 꼭 물질이 있어야만 할 수 있는 게 아니다. 돈이 많거나 여유가 있고 능력 있는 사람만이 나눠주는 삶을 사는 것은 아니다.

사람에게는 누구나 나눠줄 것이 있다. 꼭 자선사업을 하거나 멀리 봉사하러 나가지 않아도 된다. 당신 주위에 얼마든지 당신의 도움을 필요로 하는 사람이 있다. 그 작은 한 사람에게만이라도 당신이 가진 것을 나눠주라.

"다른 사람 신경 쓸 틈이 어디 있어? 당장 내 문제만으로도 복잡하고 골치 아파 죽을 지경이라고…."

우리에게 문제가 생겼을 때 최선의 해결책은 다른 사람의 문제 해결을 돕는 것이다. 내게 필요한 것만 생각하고 주위 사람들의 곤란이나 여러 가지 필요한 상황을 거들떠보지 않는 것은 오히려 자신의 삶을 더 비참한 것으로 몰아가게 된다.

"나눠줄 게 있어야지요."

사람들은 보통 나눠주는 삶이라고 하면 꼭 물질적인 것만을 생각한다. 자신은 나눠줄 게 아무것도 없다고 한다. 그러나 아무리 가난하고 보잘것없는 사람이라도 반드시 남이 갖지 못한 것을 지니고 있다. 아픔을 극복하였으면 그 같은 경험을 되살려 주위에 그런 아픔을 겪는 사람을 찾아가 도와줄 수 있다. 외로운 사람은 외로운 처지에 있는 사람이나 친구 등을 찾아가 위로해주고 격려해주라. 내 문제만 바라보지 말고 그 시선을 다른 사람을 돕는 일로 초점을 옮겨보라.

실직한 사람은 자기가 가진 재능을 이용하여 자원봉사를 하거나 복지단체에 가서 일하는 것도 좋은 방법이다. 평생을 일하면서 쌓아온 나만의 노하우를 그대로 썩히지 말라. 30여 년간 공무원 생활을 하다가 지난해 말 정년퇴직한 O씨. 그가 은퇴 이후의 삶으로 선택한 것은 자원봉사다.

그는 은퇴하기 10년 전부터 개인연금을 들어 은퇴 후를 준비해 왔다. 공무원연금과 개인연금을 합하면 넉넉하지는 않아도 아내와 둘이 살기에 부족함이 없으니 재취업을 하지 않아도 됐다. 그는 무언가 사회에 보탬이 될 수 있는 일을 찾았다.

O씨는 중구청 사회복지과에 근무한 덕분에 자원봉사에 대한 정보와 노하우를 많이 가지고 있었다. 그것에 더해 그는 정년퇴직 전 6개월간의 공로휴가 기간에 사회교육원과 한국웃음복지연구소에서 사회복지사, 노인교육사, 케어복지사, 웃음치료사 등 네 종류나 되는 자격증을 획득했다.

그는 일주일에 한 번씩 음성도서관에서 시각장애인을 위한 녹음봉사와 대학병원에서 발마사지 봉사를 하고 있다. 월요일부터 목요일까지는 장애인복지관에서 배식과 설거지를 돕는다. 자원봉사를 계기로 그는 새로운 직업도 찾았다. 매주 금요일마다 과천 노인복지관에서 치매나 중풍환자를 대상으로 웃음치료에 관한 강의를 하고 있는 것. 게다가 종종 복지관에서 자원봉사 관련 강의도 한다. 그는 퇴직 이후 오히려 더 활동적으로 생활하면서 더 건강해지고 얼굴에서 웃음이 떠나질 않는다고 했다.

63세의 스튜어드(남자 승무원) 출신 J씨는 30년 넘게 사용해온 영어 덕분에 현재 영어 중급과정의 강사를 하고 있다. '영어를 할 수 있고, 건강에 관한 상식이 풍부하며, 노래를 즐기는 것'을 내세워 노인종합복지관에서 일주일에 두 번 생활영어를 알기 쉽고 재미있게 가르치는 것이 그의 일이다. 아울러 승무원 시절 불규칙한 식사와 시차로 건강에 관심을 갖게 되면서 풍부해진 건강상식을 전하는 것도 강의 중 빼놓지 않는다. J씨는 자신이 일하면서 배우고, 살면서 느낀 것들을 전달할 뿐이지만 어르신들은 그 모든 것을 소중한 정보로 여긴다. J씨는 "일하면서 익힌 기술들이 이렇게 유익하게 사용될 줄 몰랐다"고 말하며 이를 적극 활용하면서 일할 수 있어 보람차고 기쁘다고 했다.

세상에는 당신의 도움의 손길을 기다리는 사람이 많이 있다. 자신의 문제에만 집착하지 말고 다른 사람들의 아픔과 필요를 채워주면 내 문제는 자연히 해결되는 경우가 많다. 내가 다른 사람의 어려움을 도와주면 하나님은 내가 힘들 때 수백 배, 수천 배로 갚아주신다. 당신의 재정적인 면이 아니라 삶의 전 분야에 걸쳐 더 많은 보상을 받게 된다는 것이다. 모든 이들이 당신의 재능을 필요로 하진 않겠지만, 누군가는 반드시 그것을 필요로 할 것이다. 당신의 도움의 손길을 기다리는 사람들은 누구일까? 그리고 당신은 누구에게 정신적 평화를 안겨다 줄 수 있을 것인가?

도와줄 힘이 있을 때 남을 도와주라. 다른 사람이 당신의 도움을 필요로 할 때 시간을 내어 도와주라. 할 수 있는 한 최선을 다해서 도우라. 나눠줄 것이 있다면 나눠주라. 당신의 시간과 물질과 몸을 어려운 사람들을 향해 던져라! 우리가 미래에 어떤 어려움을 당할지, 어떤 도움을 필요로 할지 모른다. 당신이 그들을 도와주고 나눠주고 베풀면 당신이 베푼 은혜가 당신에게 되돌아 올 것이다. 어려운 일을 당할 때 도움의 손길을 경험하게 될 것이다.

나는 인생 전반을 통해 이 사실을 수없이 경험하고 체험해온 사람이다. 우리가 먼저 남을 도울 때 우리도 도움받을 수 있다. 우리가 어려울 때 하나님은 당신을 도울 사람을 보내주신다. 사방이 꽉 막혔을 때 문을 열어줄 사람을 보내주신다. 돈이 없다고, 시간이 없다고 머뭇거리며 헤매지 말라. 정작 당신이 어려운 일을 당해 하나님께 도와달라고 외칠 때 하나님은 당신이 외면했던 사람들을 돌보느라 당신의 소리를 들을 시간이 없다고 하실 수도 있다.

사랑받는 기쁨을 선사하자

다음은 마더 테레사의 글이다.

어느 날 나는 런던의 어느 거리를 걷고 있다가 키가 크고 깡마른 사람이 매우 비참한 모습으로 구석에 웅크리고 있는 것을 보았습니다. 나는 그에게 다가가서 그의 손을 잡고는 상태를 물었지요. 그랬더니 그는 나를 올려다보며 말했습니다.
"오, 참으로 오랜만에 인간의 따뜻한 손길을 느껴보는군요!"

그리고 천천히 일어섰지요.

사랑의 친절한 행동 하나로 그의 얼굴에는 아름다운 미소가 번졌습니다.

단순한 악수만으로도 그는 자신이 그 무엇이 된 것처럼 느꼈습니다.

나에게 그는 변형된 예수님이었습니다. 나는 그에게 누군가로부터 사랑받는 기쁨을 선사한 것입니다.

어떤 한 분 또한 우리를 사랑하십니다. 바로 하느님 그분께서….

우리는 모두 사랑하고 또 사랑받기 위해서 창조되었습니다.

이 글은 현대인에게 가장 필요한 게 무엇인가를 말해주고 있다. 세상에는 많은 고통들이 있다. 굶주림에서 오는 고통, 가난과 실직으로 인한 고통, 질병에서 오는 고통, 실패로 인한 고통, 그러나 무엇보다 가장 큰 고통은 외로움이다. 이 세상에서 아무도 날 원하지 않는다는 느낌, 사랑받지 못한다는 느낌, 옆에 아무도 없다는 소외감과 외로움, 이것은 어떤 물질적 빈곤보다 더 무서운 빈곤이다.

자신이 환영받지 못하고 사랑받지 못한다고 느끼는 사람들은 살아가야 할 소망을 잃는다. 인도의 콜카타에서 가난하고 굶주린 빈민들과 함께 자신의 전 일생을 보낸 마더 테레사는 "수많은 사람들이 한 조각의 빵 때문에 죽어갑니다. 그러나 더 많은 사람들이 아주 적은 사랑 때문에 죽어갑니다"라고 말한다.

우리는 보통 불쌍하고 빈곤한 사람을 도와준다고 생각하면 대개

나는 긍정을
선택한다

물질적인 것만 생각하게 된다. 또한 물질적으로 빈곤한 사람에게만 도움을 줘야한다고 생각한다. 그러나 헐벗고 굶주린 빈민들을 돕고 많은 사람들의 병을 치료해주고 멀리 오지에 나가 봉사하고 거액의 기부금을 내는 등 큰일을 하는 것만 가치 있는 것이 아니다.

세상은 어른이나 어린이나, 젊은이나 노인이나, 부유한 자나 가난한 자, 학식이 있는 자나 없는 자나 모두 사랑에 굶주려 있다. 그래서 물질보다 따뜻한 말 한마디, 따뜻한 미소, 따뜻한 사랑의 손길을 더 갈망하고 그리워한다.

미국 캘리포니아 나파밸리에서 세계에서 비싸기로 손꼽히는 컬트 와인(cult wine)을 만들어 성공한 기업가 딕 그레이스(Dick Grace)는 증권거래로 큰 돈을 모았고, 그 돈으로 최고급 와인을 만들지만 이윤추구에는 관심이 없다. 그는 "나파밸리는 허상인데, 이 허상을 현실로 믿으면 문제가 된다"고 단언한다. 그는 현실을 느끼기 위해 매년 인도와 중국, 네팔 오지로 가서 3개월씩 지낸다. 이곳에 병원과 학교를 세우고 달라이 라마와 친구처럼 막역한 사이며, 문둥병자와 얼싸안고 웃기도 한다. "수표만 끊어 보내는 건 진정한 봉사가 아니다"라며 몸으로 봉사활동에 참가하는 등 자신의 돈과 시간을 이웃과 나누고 있다.

그러나 모든 사람이 꼭 고아원이나 양로원에 가서 봉사해야 사랑을 베풀 수 있는 게 아니다. 당신의 가장 가까운 사람, 가족부터 사랑하라. 먼 곳에 나가 몸으로 봉사하기는 쉬워도 정작 집안의 한 사람을 사랑하기를 어려워하는 사람도 있다. 그러나 사랑은 가까운 곳에서부터 실천하는 것이다.

양로원이나 복지관에 나가 '사랑의 밥퍼주기 봉사'는 하면서 정작 자신의 연로하신 부모는 외롭게 방치하는 사람들도 종종 있다. 당신도 언젠가는 늙는 미래의 노인이다. 당신 주위에서 외롭고 쓸쓸하게 나이 들어가는 노인들을 절대 외면하지 말라.

오늘날에는 어디를 가나 외로운 사람이 많다. 아무리 돈이 많아도 정작 밥 한 번 같이 먹을 사람이 없어 외로워하는 사람도 있다. 또 친구가 필요한 사람도 있고, 따뜻한 위로와 격려, 칭찬이 절실히 필요한 사람도 있다. 겉으로는 모두 자신감 있어 보이고 고급 모피와 명품 옷으로 치장하고 있어도 마음은 시베리아 벌판처럼 춥고 외롭고 헐벗고 상처받은 사람투성이다.

외로움에 신음하는 사람, 꿈을 잃어버린 사람, 낙심한 사람, 실패한 사람, 질병에 걸린 사람, 이런 사람들에게 다정한 말벗이 되어주고 그 사람을 인정하고 칭찬하고 보고 싶었다고 다정하게 말해보라. 그들의 호소나 하소연을 아무 비판 없이 들어주는 것만으로도 그들을 깊은 우울증에서 건져낼 수도 있다.

누군가의 이야기를 들어주는 것, 아무도 들으려 하는 이들이 없을 때 잠자코 들어주는 것만으로도 어떤 신경안정제나 정신과 약보다 더 강력한 치료 효과를 낼 것이다. 아픈 친구를 찾아가 위로하고 전화하고 말 상대가 되어 주자. 그리하여 그들에게 사랑받고 있다는

나는 긍정을
선택한다

느낌을 선물하라. 돈으로도 살 수 없는, 이 시대에 가장 필요하고 의미 있는 선물이 될 것이다.

마더 테레사는 "우리는 죽을 때 우리가 한 일의 양으로 평가받는 것이 아니라 우리가 타인에게 쏟은 사랑의 무게로 평가받는다"고 했다. 당신이 타인에게 쏟은 사랑의 무게는 몇 그램인가?

남의 곤경을 외면하지 말자

야간고등학교를 다니며 신문배달을 할 때였다. 추운 겨울 어느 날, 행색이 초라한 남자가 신문사 지국에 들어와 고향에 돌아갈 돈이 없으니 돈을 빌려달라고 사정을 했다. 고향에서 부모님 몰래 보따리를 챙겨 서울로 올라왔는데 서울역에 도착한 첫날 옛날 한동네에서 살았던 아주머니를 만났다고 했다. 아주머니는 그를 보자 무척 반가워하며 당장 갈 곳이 없으면 자기 집에 가자고 했다. 그리고 그의 손에 든 보따리를 받아들고 앞장서 걸어가더니 사람이 많은 틈을 타 갑자기 사라져버렸다는 것이다.

그 보따리 속에는 서울에서 여비로 쓰려고 고향에서 훔쳐온 비싼 옷감이 들어 있었는데 그것을 잃는 바람에 오도 가도 못 하는 신세가 되어버렸다는 것이다. 수중에 돈이라곤 한 푼도 없고 고향 집에 전보를 보내려고 해도 전보 칠 돈조차 없다고 했다. 그러니 제발 고향 집에 전보라도 칠 수 있도록 돈을 빌려달라고 애걸하였다. 그러나 나 역시 수중에 돈이라곤 단 한 푼도 없었다. 다른 사람들은 모두 외면하고 그저 딱하다는 말만 하며 서로 눈만 꿈벅거리고 있었다. 내 마음 깊은 곳에서 '계속 이 일이 네 일이다'라는 음성이 들렸다. 그러나 내가 나선다면 동료들이 나를 어떻게 생각할까? 교만하다고 하지 않을까?

그러나 낮은 음성은 계속 울려왔다. 그것을 회피하려는 나의 마음을 호되게 나무라는 소리였다.

"지금 전보를 치면 며칠쯤이면 돈을 받을 수 있습니까?"

그는 아무리 빨라도 3-4일은 걸릴 거라고 했다. 내가 전보를 쳐준다고 해도 그 사람은 며칠을 굶거나 구걸할 형편이었다.

"그럼 내려가는 차비는 얼마나 들지요?"

그는 친척이 사는 곳까지만 가면 될 테니 그렇게 많은 돈은 필요하지 않다고 했다. 나는 그에게 잠시 기다리라고 하고 안에 들어가서 동료들에게 돈을 빌려 그에게 주었다. 그는 내 이름과 주소를 알려달라고 몇 번씩이나 청했지만 나는 끝까지 알려주지 않았다. 나는 이미 내 일을 끝냈던 것이다.

이런 일들이 쌓여 하나님은 이 모든 일들을 기억하시고 훗날 다른 사람들을 통해 내가 베풀었던 것보다 수천, 수만 배, 아니 그 이상으로 갚아주셨다. 내가 이후 유학을 가고 박사학위를 받고 수많은 일을 해낼 수 있었던 것은 모두 다른 사람들의 도움이 아니었으면

나는 긍정을
선택한다

불가능한 일이었다.

성경은 다음과 같이 말하고 있다. "주라 그리하면 너희에게 줄 것이니 곧 후히 되어 누르고 흔들어 넘치도록 하여 너희에게 안겨 주리라 너희의 헤아리는 그 헤아림으로 너희도 헤아림을 도로 받을 것이니라"(누가복음 6:38).

우리가 다른 사람의 곤경을 외면하지 않고 필요를 채워주면 하나님은 우리가 베푼 것보다 더 넘치도록 채워주신다는 약속이다.

오포리 씨와 그의 아내는 평생 땅을 개간하여 농사를 지으면서
입양한 아이들을 친자식과 조금도 차별 없이 양육하고 교육시키며 살았다.
집에 들어온 아이들은 성년이 될 때까지 함께 살아가는데,
모두 오포리 씨에게는 '아저씨', 그의 부인에게는 '아주머니'라고 불렀다.
그 아이들과 함께 어울려 자랐던 오포리 씨의 친아들들도
다른 아이들과 마찬가지로
자신의 아버지를 '아저씨', 어머니를 '아주머니'라고 불렀다.
다른 아이들에게 위화감을 주지 않기 위한 배려였다.
그랬기 때문에 오포리 박사 역시 그의 아버지가 돌아가실 때까지
아버지를 '아버지'라고 불러보지 못했다는 얘기다.

가난해도 돕는 이웃이 될 수 있다

어려울수록 씨앗을 심자

고등학교 2학년 때였다. 고학의 어려움이 극에 달해 굶기를 밥 먹듯이 하던 때였다. 한겨울에도 벽이 허물어진 돼지우리 같은 방에서 지냈다. 온기라고는 전혀 없는 냉방에서 내의는커녕 담요 한 장도 제대로 덮지 못해 밤새 떨며 새벽이 오기만을 기다린 적도 있었다. 그런 혹독한 겨울이 지난 뒤 찾아온 봄, 나는 그때부터 구두닦이 아이들을 수용하는 곳이나 고아원을 찾아다니며 말로나마 위로를 하곤 했다.

그러던 중 우연히 신문을 보고 명신고아원을 알게 되었다. 자식도 없이 삯바느질을 하며 푼푼이 모은 돈으로 여인숙을 경영하던 할

머니가 길거리에 버려진 불쌍한 아이들을 하나 둘 데려다 키우다보니 고아원이 되었다는 기사를 보고 나는 그곳을 찾아갔다. 그리고 시간나는대로 가끔씩 들러 아이들과 놀아주기도 하고 과자 몇 봉지를 사가지고 가기도 했다. 아무리 내 형편이 어려워도 강냉이튀밥이라도 사가지고 가야 마음이 편했다.

돈은 적고 아이들은 많으니 강냉이튀밥이 부피가 많아서 좋았다. 갈 때마다 아이들을 안아주고 씻어주고 노래를 가르쳐주고 옛날 이야기를 재미나게 해주었다. 걸레를 빨아 마루도 닦고 방도 닦았다. 더러운 대변이 묻어 있는 변소도 손으로 직접 청소했다. 그러자 아이들도 점차 내가 오기를 기다리며 반가워했다. 아이들은 무엇보다도 사랑을 필요로 했다. 나는 진정 그들을 사랑하려고 노력했다.

가난함에도 불구하고 먼저 나누는 것은 힘든 일이다. 그러나 가난하고 어려울수록 씨앗을 심어야 한다. 먼저 심어야 거두는 역사가 있다. 하나님은 내게 무엇보다 먼저 베풀고 나눠줄 때에 느껴지는 행복을 알게 해주셨다. 이로 인해 나는 진정 나눠주고 베풀 때의 기쁨을 체험할 수 있었다. 명신고아원은 고달픈 생활 속에서도 주님이 내게 주신 오아시스와도 같은 곳이었다. 신문배달을 하면서도 이곳과 이곳의 아이들을 생각하며 콧노래를 불렀다. 진정 그것은 행복이었다. 그렇게 아무도 모르게 나는 나 혼자만의 비밀과 행복을 누릴수 있었다.

고등학교 3학년, 나의 생활은 그야말로 빈틈이 없는 숨막히는 생활이었다. 조·석간 신문을 모두 배달하는데도 생활 형편은 나아지지 않았다. 새벽에 일어나 조간 신문을 배달하고, 배달이 끝나면 숙소에 돌아와 아침을 먹고 부랴부랴 학교에 등교한다. 학교에서 돌아오자마자 석간신문을 배달했다. 그런 고된 생활에도 대학교 입학자금도 마련되지 않았다.

하지만 아무리 지친 몸이라도 찬송을 부르며 신문을 배달하면 힘들지가 않았다. 그리하여 나는 항상 밝은 표정으로 살 수가 있었다. 지독하게 고생을 하면서도 밝은 표정으로 사람들을 대하는 나의 그런 마음을 알았는지 독자들도 나에게 친절하게 대해주었다. 어떤 분들은 사양하는데도 굳이 손을 잡아끌어 아침을 대접하기도 하고 또 어떤 분들은 신발이며 옷가지까지 사주었다. 그렇기에 수금 실적도 가장 좋았다.

가을 어느 날이었다. 그날도 나는 신문을 옆구리에 끼고 뛰기 시작했다. 겨울을 알리는 차가운 비가 내리기 시작해 제법 차가운 날씨였다. 신문배달을 마치고 숙소로 돌아갈 무렵 구청 현관 처마 밑에 어떤 아저씨가 어린아이를 안고 웅크리고 앉아 있는 것이 보였다. 나는 숙소로 돌아가려던 발길을 돌려 다시 그쪽으로 갔다.

"아저씨, 심심하실 테니 신문 한 장 보세요."

나는 뜬금없이 말하고는 대뜸 그 아저씨의 손에 신문을 들려주었다. 주위는 이미 짙은 어둠이 깔리고 있었다. 저녁 7시밖에 안 되었지만 비가 뿌리는 날씨여서 어둠은 삽시간에 깔렸다.

합숙소에는 나를 비롯해 신문배달하며 학교에 다니는 학생 아홉 명이 있었다. 그날 저녁은 콩나물국마저 떨어져 간장 하나가 반찬의 전부였다. 나는 자리에 앉자마자 아무 말없이 채 2분도 안 걸려 밥을 해치웠다. 그리고 조용히 합숙소를 빠져나와 꼬깃꼬깃 모아놓은 돈 약간을 가지고 국화빵을 사러 갔다. 내 주머니에는 꼭 150원이 들어 있었다. 그 돈으로 뜨끈뜨끈한 빵을 샀다. 헌 신문봉지로 싼 빵봉투를 들고 구청으로 향했다. 현관 처마 밑에는 여전히 아저씨와 어린아이가 어둠 속에 웅크린 채 떨고 있었다.

"추우시죠? 빵을 보니까 갑자기 이 아이가 생각이 나서요."

나는 그 사람이 불쾌해할까봐 조심스럽게 말을 건네며 봉투에서 빵을 꺼내 아이에게 주었다. 아이는 정신없이 꾸역꾸역 빵을 입에 집어넣었다.

"아저씨도 따뜻할 때 좀 드세요. 애가 먹기에는 좀 많을 테니까 걱정 마시고요. 제 사정이 넉넉하다면 좀 더 사다드렸을 텐데…."

그 사람은 이북 출신으로 부부가 다섯 남매를 데리고 피난을 내려왔는데 자식 넷은 전쟁통에 죽고 아내마저 작년에 병에 걸려 약 한 첩 써보지 못하고 죽었다고 했다. 그리고 달랑 하나 남은 이 딸아이를 데리고 공사장을 전전하며 겨우 입에 풀칠을 하고 있는 형편이었다.

"살고 싶어 사는 게 아니라오. 질긴 목숨 끊을 수 없어 사는 거지."

나는 긍정을
선택한다

나는 조용히 눈을 감고 기도를 드렸다. 몸이 뜨거워지고 눈물이 비오듯 쏟아졌다. 나는 나의 영혼이 그들의 영혼에 닿아 주님의 축복이 깃들기를 간절히 기도했다.

나는 이후로도 누구를 만나든지 항상 그 사람이 복 받기를 원한다. 그리고 그들에게 도움을 주고 소망과 기쁨을 전달하는 통로가 되려고 노력한다. 내가 받은 하나님의 은혜를 생각하면, 하나님이 내게 주신 복을 많은 사람들에게 전달하고 나누고 싶기 때문이다.

당신도 하나님께 받은 은혜가 있을 것이다. 그것을 혼자만 간직하지 말고 이웃에게 나눠주는 축복의 통로가 되라. 남을 축복하는 말을 아끼지 말고 새 힘과 소망을 주고 격려하고 위로하라. 그러할 때 당신에게 더 큰 복과 소망이 되돌아올 것이다.

크리스마스가 다가오자 나는 신문배달을 하며 특정한 목적을 위해 따로 저축한 돈을 찾았다. 그리고 동료들이 자는 한밤중을 틈타 일곱 통의 편지를 썼다. 대상은 얼굴도 이름도 모르는, 길가의 천막 속에서 주린 배를 움켜쥐며 살아가는 사람들이었다.

"이 돈은 얼마 안 되지만 기쁜 성탄절에 무엇이든 맛있는 것을 사 드세요."

물론 내 이름은 밝히지 않았다. 그리고 이 편지를 돈과 함께 봉투에 넣었다. 포대 종이로 봉투를 만들어 쌀도 조금씩 담았다. 다음 날 새벽 나는 신문이 도착하기도 전에 후다닥 일어나 밤에 만들어 놓은 쌀봉투와 돈봉투를 가지고 밖으로 나왔다. 새벽 공기가 무척

차가웠다. 새벽별을 바라보며 나는 하나님의 은혜에 감사했다.

당시 여의도 백사장에는 비행장 주변 모래사장에 굴을 파고 잠자는 사람들이 있었다. 나는 도둑고양이처럼 살금살금 천막을 향해 다가갔다. 그러나 천막에 이르기도 전에 걸음을 멈춰야 했다. 이 추운 날씨에도 길에서 노숙하고 있는 사람이 있었던 것이다. 나는 그 사람이 눈치 채지 않게 아주 조심스럽게 옆구리에 돈봉투 하나를 찔러 넣어주었다. 천막 안에도 쌀과 돈 봉투를 넣어주었다. 그렇게 모든 봉투를 나눠주었지만 내 마음은 밝아지지 않았다.

'이 세상에는 나보다 못하고 가난한 사람들이 생각보다 훨씬 많다. 나보다 못한 사람들을 생각해야 하고 그들을 보살펴야 한다.'

숙소에 돌아와서도 이 땅의 많은 사람들이 굶어 죽어가고 있다는 생각에 마음은 한없이 처참하기만 했다. 내가 아무리 가난하고 견디기 힘든 역경 속에 있다 하더라도 나보다 더 가난하고 어려운 이들은 이 지구상 어디엔가 반드시 있게 마련이다. 그들을 남몰래 도와주었을 때의 기쁨은 이 세상 무엇과도 바꿀 수 없다는 것은 경험해본 사람만이 안다. 그것은 진정 돈으로 살 수 없는 행복이다.

나는 청소년에게 희망의 씨앗을 심어주고 싶다

내가 이런 생활철학을 가지고 살아가고 있다는 것이 글을 통해서 그리고 평소 말을 통해서 널리 알려진 뒤에는 많은 사람들이 인터넷을 통하여, 편지를 통하여, 전화로 도움을 요청하는 SOS가 많이 오고 있다. 농촌에서 목회하는데 너무 살기 어려우니 도와달라고 요청하신 분들에게는 큰 교회에서 지원사업을 하니 교회에 요청하라는 대답을 주었다. 어떤 학생은 해외여행(베트남)을 왔는데 여비가 떨어져서 한국에 돌아가지 못하고 있으니 여비를 송금해 달라는 국제전화를 몇 차례 걸어오는 것이 아닌가? 그 학생 부모님에게 요청하여 해결하라고 대답을 할 수 밖에 없었던 일이 안타까운 일이다. 외국에 유학을 가야겠는데 유학비를 전액 지원해 달라는 사람도 있었다. 또 어려운 농촌 가정에서 겨우 고등학교를 졸업했는데 대학에 갈 등록비와 학비를 조달해 달라는 장문의 편지도 여러 통 받았다. 어떤 이는 사업에 실패해서 가정이 어려우니 생활비를 몇 천만 원만 꾸어 달라, 사업에 재기하여 반드시 갚겠다고 하는 등 일일이 다 예를 들을 수 없을 만큼 많은 사연들이 매월 몇 건씩 쇄도하고 있는 것이다.

그때마다 가슴만 조일 뿐 한 건도 못 도와주고 있으며 극히 일부에게만 편지 회답을 해 주고 대부분에게는 편지 회답마저 해주지 못하고 있다. 왜냐하면 일일이 확인할 수도 없고 그런 재정능력도 없기 때문이다. 그리하여 아예 내가 도울 수 있는 일을 제도적 장치를 통하여 하기로 결심하고 하나님께서 복 주신 사재 중에서 4억 원을 출연하여 재단법인 농촌·청소년 미래재단을 설립하였다.

나는 가난한 청소년 시절을 겪은 사람으로서 어려운 환경에서 살아가는 청소년들에게 남다른 애정을 가지고 있다. 부모의 사랑 속에 응석을 부리며 자라날 나이에 소년소녀가장이 된 아이들, 비정상적인 부모와 어른들로부터 학대 받고 버림받은 결손가정의 아이들. 그리고 배움의 터인 학교에서 적응하지 못하여 탈선한 아이들. 이들은 어른들의 사랑의 손길을 애타게 갈망하고 있다. 청소년은 우리의 미래다. 청소년이 꿈을 잃는다면 우리는 민족과 국가의 미래를 잃는 것이다. 그리고 농촌은 우리의 고향이다. 농촌이 살지 못하면 우리는 우리의 생명창고를 잃게 된다.

나는 우리 주위의 불우한 청소년들에게 희망의 씨앗을 심어주고, 피폐해가는 농촌에 밝은 등불을 켜고 싶다. 내가 어렸을 때 받았던 꿈과 희망이라는 소중한 자산을 우리 청소년들에게 나눠주고 싶다. 그래서 설립한 것이 농촌 · 청소년미래재단이다. 이 재단을 통해 미력이나마 역경에 처한 청소년들에게 희망의 씨앗을 심어주고 꿈의 탑을 쌓도록 도와주는 것이 나의 간절한 바람이다.

아버지를 '아저씨' 라 부른 가나 친구

내게는 아프리카 가나에 사는 박사 친구가 있다. 이 친구는 가나의 농림부 장관과 가나 국립대학의 총장, 유엔개발처의 아프리카 지역 담당관 등을 역임했다. 지금은 모든 공직에서 퇴임했으나 고령의 나이에도 불구하고 국제적 심포지엄 등을 주관, 기획, 추진하고 있다. 이 친구도 훌륭하지만 나는 그의 아버지 얘기에 가슴 찡한 감동을 받았다.

지금은 세상을 떠난 그의 아버지 오포리(William Kwasi Ofori)씨는 평범한 농부였지만 그 누구보다 국가 발전에 많은 기여를 한 사람으로 존경받고 있다. 그는 7남매를 두었는데, 내 친구 오포리 박사(Dr. Issac M. Ofori)가 바로 그의 맏아들이다. 오포리 박사가 어린 시절 자주 있었던 얘기를 들려줬다.

새벽이 오기도 전 온 식구들이 모두 깊은 잠에 빠져있을 때, 울타리 밖에서 "아고(Ago)-!"하는 소리가 적막을 깨고 연거푸 들려오곤 했다고 한다. '아고'라는 말은 가나 토착어로 '들어가도 좋습니까?'라는 뜻이다. 이 말이 서너 번 들리고 난 후 드디어 안에서 "아메(Ame)-!"라는 대답이 나가는데 '들어와도 좋다'는 뜻이다. 그러면 밖에서 "아고-"를 외쳤던 사람은 집안으로 들어오는데, 대개 어린아이를 데리고 와서, "제가 가난해서 이 아이를 도저히 양육할 수 없으니 제발 맡아 키워주십시오."라며 애절한 부탁을 하는 사람들이었다. 그러면 아버지는 말없이 그 아이를 받아들였다. 그렇게 오포리 씨가 집에 들여 키운 아이들이 모두 30여 명이 넘었다.

오포리 씨와 그의 아내는 평생 땅을 개간하여 농사를 지으면서 이 아이들을 친자식과 조금도 차별 없이 양육하고 교육시키며 살았다. 집에 들어온 아이들은 성년이 될 때까지 함께 살아가는데, 모두 오포리 씨에게는 '아저씨', 그의 부인에게는 '아주머니'라고 불렀다. 그 아이들과 함께 어울려 자랐던 오포리 씨의 친아들들도 다른 아이들과 마찬가지로 자신의 아버지를 '아저씨', 어머니를 '아주머니'라고 불렀다. 다른 아이들에게 위화감을 주지 않기 위한 배려였다. 그랬기 때문에 오포리 박사 역시 그의 아버지가 돌아가실 때까지 아버지를 '아버지'라고 불러보지 못했다는 얘기다.

이렇게 오포리 씨의 정성과 사랑으로 자란 아이들은 장성하여 국회의원을 비롯해 장관, 교수, 고급 공무원 등 사회요직에 많이 진출하였으며 친자식들도 현재 장관, 국회 상원의원, 도지사들로 활동하는 등 가나의 리더 역할을 하는 훌륭한 일꾼이 되었다.

지난 1994년 오포리 씨는 98세의 일기로 세상을 떠났다. 장례식장에는 2천여 명의 조문객이 모여들었고 장지까지 이 행렬이 이어졌다. 그의 장례식은 한 농민의 장례식이라고는 믿어지지 않을 정도로 성대했다. 전직 장관들은 물론 총리까지 조문객으로 참석, 깊은 존경과 애도를 표했다. 그들은 바로 오포리 씨를 '아저씨'라 부르며 자란 사람들이었다.

세계적인 석학인 오포리 박사의 어린 시절 꿈은 편지를 읽는 사람이 되는 것이었다고 한다. 그 시절 그의 동네에는 단 한 사람만이 글을 읽을 줄 알았고, 어린 오포리 박사는 그 사람이 너무 멋지게 보였기 때문이다. 그래서 글을 배우기 시작했고 수많은 인고의 세월과